幼儿园
教育实践

陈金菊 ◎ 主编

清华大学出版社
北京

内 容 简 介

本书聚焦学前教育专业实践能力培养，系统构建"三习一体"（见习、实习、研习）实践体系，创新采用"理论导引＋任务驱动"模式，涵盖认知见习、保育实操、游戏创编、环境创设、五大领域教学等多个核心模块。本书突破传统体例，通过模块化设计实现"理论奠基—实践验证—能力提升"的螺旋上升路径，每个单元设置理论回顾与实践任务双轨并进，强化理论与实践深度融合。

作为新型活页式教材，其特色在于：灵活架构支持个性化增补案例、观察记录表等实践素材；配套数字资源包（示范视频、案例解析、评价量表）突破时空限制，助力关键技能习得；任务单设计对接岗位标准，实现"做中学、学中研"的闭环培养。本书既满足高等院校、职业院校的课程需求，又可作为幼儿园新教师专业发展手册，有效贯通职前培养与职后成长通道，为学前教育工作者提供全周期专业支持。

本书封面贴有清华大学出版社防伪标签，无标签者不得销售。
版权所有，侵权必究。举报：010-62782989，beiqinquan@tup.tsinghua.edu.cn。

图书在版编目（CIP）数据

幼儿园教育实践 / 陈金菊主编 . -- 北京：清华大学出版社，2025.5.
ISBN 978-7-302-69030-6
Ⅰ. G612
中国国家版本馆 CIP 数据核字第 2025V4S617 号

责任编辑：刘芯艾
封面设计：傅瑞学
责任校对：赵琳爽
责任印制：杨　艳

出版发行：清华大学出版社
网　　址：https://www.tup.com.cn，https://www.wqxuetang.com
地　　址：北京清华大学学研大厦 A 座　　邮　编：100084
社 总 机：010-83470000　　邮　购：010-62786544
投稿与读者服务：010-62776969，c-service@tup.tsinghua.edu.cn
质量反馈：010-62772015，zhiliang@tup.tsinghua.edu.cn
印 装 者：三河市铭诚印务有限公司
经　　销：全国新华书店
开　　本：185mm×260mm　　印　张：13.5　　字　数：308 千字
版　　次：2025 年 6 月第 1 版　　印　次：2025 年 6 月第 1 次印刷
定　　价：58.90 元

产品编号：110941-01

编 委 会

主　编：陈金菊

副主编：黄雅婷　吴　艳　林洁琼

编　委：陈静爽　姜　帆　詹国芬　邓梦倩　泮一珊

前　言

　　学前教育经过国家"第三期学前教育行动计划"的实施，已经从原来的普及普惠迈入追求优质的发展新阶段。高质量的学前教育需要高素质、专业化的幼儿教师。如何在职前培养阶段落实《国家职业教育改革实施方案》，提高学前教育专业人才培养质量，实现从理论学习到教育实践的顺利对接，需要进行深入的教师教育改革，其中完善的课程与实用的教材是重要的影响因素。为了帮助高职高专层次学前教育专业的学生更好地进行幼儿园教育实践，增强教育见习、实习和研习的专业性、针对性及有效性，编者结合长期的实践探索，综合最新的研究成果，编写了本教材。在编写过程中，力求体现以下特色。

　　1. 活页式形式编写，融合产学研

　　编写团队由高等职业院校双师型教师、幼儿园园长、骨干教师组成，结合院校育人工作和一线实践经验的优势，坚持职业教育工学结合、理实一体，突出岗位实践能力的形成。在教材形态上，采用新型活页式，以《中华人民共和国学前教育法》《幼儿园保育教育评估指南》《保育员国家职业技能标准》等文件为依据，以综合职业能力培养为目标，以学生为中心，以学习成果为导向，以职业能力清单为基础，从认知见习、保育见习到教育实习，再到顶岗实习，七个章节内容逐层深入，贯穿职前三年整个教育实践过程；在内容安排上，先引导学生回顾与岗位实践相关的理论知识，再开展相应的实操任务，帮助学生实现有效学习，真正实现理论与实践教学融通合一、能力培养与工作岗位对接合一、实习实训与定岗工作学做合一。

　　2. 渗透式思政融入，体现两代师表

　　党的二十大报告提出"育人的根本在于立德"。本教材全面贯彻二十大"落实立德树人根本任务"，积极落实课程思政的要求，结合实践任务挖掘思政元素，每个章节专门设置"思政育人"和"实践育人"栏目，充分将思政教育、职业道德教育、职业情感教育有机融入具体的项目和任务，培养学生具有崇高的职业理想、科学的职业观念、良好的职业道德、正确的职业行为，同时引导学生面向幼儿开展品德启蒙和爱国教育，体现两代师表的职业特点。

　　3. 立体式资源助学，突显重点难点

　　遵循二十大报告指出的"推进教育数字化"发展方向，在"互联网+"背景下，教材充分融合信息化教学手段，组织拍摄视频案例，录制微课，精选拓展阅读内容，以二维码形式附在正文中，能较好地辅助教师和学生把握幼儿园教育实践关键环节的学习，以配合与支持学习中的重点和难点突破，拓宽学生视野。本教材体现信息化技术与教材开发的深度融合，力图符合高职高专层次学生的学习特点，浅显易懂、生动有趣，使学生一看就懂、一学就会、一实践就会操作。

  本教材作为学校学前教育专业教师教学创新团队和乡村共富专家团队的建设成果，是集体智慧的结晶，由杭州科技职业技术学院陈金菊教授拟定编写框架和编写提纲，提出编写要求，进行分工撰写。参与编写的单位有杭州科技职业技术学院、烟台汽车工程职业学院、杭州市富阳区三桥幼儿园和富阳区永昌镇中心幼儿园，其中项目一和项目二由陈金菊撰写，项目三由陈静爽撰写，项目四由黄雅婷撰写，项目五由吴艳撰写，项目六由詹国芬园长带领邓梦倩、泮一珊两位老师共同撰写，项目七由林洁琼撰写，全书由陈金菊、姜帆统稿、定稿。

  鉴于编者水平有限，教材中难免存在疏漏与不足之处，敬请专家、同行及广大读者不吝赐教，予以指正。

编 者

2025 年 5 月

目 录

项目一 初识幼儿园 ··· 1
任务一 知道认知见习的意义 ··· 5
一、什么是认知见习 ··· 5
二、认知见习的价值和意义 ··· 6
任务二 明确认知见习的基本内容 ·· 7
一、认知见习所需的基础知识 ··· 7
二、认知见习的基本内容 ··· 8
任务三 完成认知见习的任务 ··· 10
一、了解幼儿园的基本情况 ··· 10
二、了解幼儿园的环境 ··· 13
三、认知见习成绩的评定 ··· 16

项目二 学做保育 ··· 19
任务一 掌握保育工作应知应会 ··· 21
一、了解保育员的工作职责 ··· 21
二、幼儿园日常消毒工作 ··· 22
三、日常保育工作规范 ··· 24
任务二 熟悉幼儿一日生活环节指导要点 ·································· 27
一、幼儿园保育工作要点 ··· 27
二、各年龄段幼儿自理能力的发展 ··································· 30
三、幼儿园一日生活各环节的观察 ··································· 31
任务三 见习幼儿园保育活动 ··· 33
一、幼儿晨间检查和全日观察 ··· 33
二、一日生活主要环节观察 ··· 34
三、个别观察 ··· 39
任务四 组织幼儿园保育活动 ··· 40
一、日常生活环节组织初体验 ··· 40
二、保育实践的反思 ··· 43
三、保育见习的评价 ··· 45

项目三　学会观察幼儿的行为······52

任务一　掌握幼儿行为观察的一般步骤······54
一、准备观察······54
二、实施观察······56
三、分析幼儿的行为······57
四、指导幼儿的行为······58

任务二　观察分析幼儿的游戏活动······58
一、区域游戏活动的观察与分析要点······58
二、户外自主游戏的观察与分析要点······63
三、幼儿游戏活动的观察记录方法······65
四、幼儿游戏活动观察实践任务······66

任务三　观察评价幼儿的发展现状······68
一、儿童发展评价的内容······68
二、儿童发展评价的方法······69
三、观察评价指标参考······70
四、儿童发展评价的实践任务······76

任务四　基于观察支持幼儿的发展······77
一、支持幼儿发展的基本原则······77
二、支持幼儿发展的常用策略······78
三、支持幼儿发展的实践任务······80

项目四　组织实施游戏活动······82

任务一　规划班级活动室环境······83
一、室内游戏环境的构成······83
二、室内游戏环境的创设······84

任务二　投放区域游戏材料······87
一、各类区域游戏材料的投放······88
二、区域游戏材料投放实践任务······91

任务三　创设幼儿园户外游戏环境······92
一、各类户外游戏区域环境的创设······92
二、户外游戏材料投放实践任务······97

任务四　组织指导区域游戏活动······98
一、幼儿游戏活动组织与指导······98
二、幼儿游戏活动组织与指导实践任务······100

任务五　评价和反思游戏活动······102
一、幼儿游戏活动的评价······102
二、幼儿游戏活动的反思······104

项目五　组织实施五大领域教育活动·································113

任务一　掌握教学活动组织实施应知应会·······························115
　　一、活动名称确定··115
　　二、设计意图撰写··116
　　三、活动目标制定··117
　　四、活动内容选择··121
　　五、活动准备···124
　　六、活动过程设计··124
　　七、活动组织实施··127
　　八、活动评价反思··128

任务二　观察记录教学互动情况···130
　　一、幼儿园教育活动观察评价指标··130
　　二、幼儿园教育活动观察··130

任务三　实施评价幼儿园教育活动·······································131
　　一、幼儿园教育活动详案撰写···131
　　二、幼儿园教育活动详案评价···133
　　三、幼儿园教育活动反思··135
　　四、幼儿园教育活动实施评价···136

项目六　组织实施综合性教育活动·································139

任务一　组织幼儿园半日活动··141
　　一、了解教师的工作职责··141
　　二、组织半日活动策略···145

任务二　主题式活动应知应会··146
　　一、了解主题式活动的含义···146
　　二、主题式活动的特点···147
　　三、主题式活动的形成···147
　　四、主题式活动的实施要点···149

任务三　设计开展一个小主题活动·······································152
　　一、主题式活动开展的一般流程···152
　　二、设计开展一个小主题活动··161

任务四　项目式活动应知应会··161
　　一、项目式活动的内涵分析···161
　　二、幼儿园开展项目式活动应遵循的原则································161
　　三、幼儿园开展项目式活动的实施路径···································162
　　四、幼儿园开展项目式活动中教师能力发展·····························164

任务五　设计开展一个项目活动···165

一、开始项目式活动阶段 ··· 165
　　二、发展项目式活动阶段 ··· 168
　　三、结束项目活动阶段 ·· 170

项目七　成为合格的准幼儿园教师 ·· 173

任务一　掌握班级管理应知应会 ·· 176
　　一、班级管理的计划制订 ··· 176
　　二、班级管理的组织实施 ··· 177
　　三、班级管理的总结评价 ··· 180

任务二　班级幼儿生活常规培养 ·· 181
　　一、班级常规管理的实施要点 ··· 181
　　二、安全管理的实施要点 ··· 183

任务三　组织幼儿园一日活动 ·· 187
　　一、幼儿入园活动的组织与实施 ··· 188
　　二、幼儿区域活动的组织与实施 ··· 188
　　三、幼儿饮水活动的组织与实施 ··· 189
　　四、幼儿如厕活动的组织与实施 ··· 189
　　五、幼儿盥洗活动的组织与实施 ··· 189
　　六、幼儿进餐活动的组织与实施 ··· 189
　　七、幼儿睡眠活动的组织与实施 ··· 190
　　八、幼儿户外活动的组织与实施 ··· 190
　　九、幼儿离园活动的组织与实施 ··· 190
　　十、幼儿集体教育活动的组织与实施 ·· 190

任务四　学习有效的师幼互动 ·· 191
　　一、师幼互动的要点与举措 ··· 191
　　二、师幼互动实践任务 ··· 192

任务五　学习开展家长工作 ·· 193
　　一、以班级为单位的个别交流沟通 ·· 193
　　二、以全园为单位的交流沟通 ·· 197
　　三、家长工作实践任务 ··· 200

任务六　参与幼儿园教研活动 ·· 201
　　一、观摩研讨活动 ··· 201
　　二、专题研讨活动 ··· 202

参考文献 ·· 205

项目一

初识幼儿园

【学习目标】

（一）初步了解幼儿园的物质环境和人文环境，认识幼儿园教师的工作性质。

（二）树立明确的在校学习目标，为将来走上工作岗位做好心理准备。

【实践内容与要求】

（一）内容：认知见习。

（二）要求：观察幼儿园的物质环境和人文环境，记录幼儿一日活动的环节、事项和时间；把握机会适时与幼儿互动。

【实践安排】

建议安排在大一年级第一学期开展，可以集中时间去幼儿园3—5天。

【职业素养】

（一）通过对幼儿园和幼儿园教师工作的了解，认识到幼儿园教师职业的专业性，初步萌发对幼儿园教师职业的喜爱之情。

（二）通过与幼儿的互动，初步形成对幼儿的爱心和耐心。

【学生注意事项】

（一）明确见习目的，了解见习计划，按照有关规定和要求，认真完成各项内容。

（二）熟记见习规定，遵守见习单位的规章制度，按时到园，不迟到、不缺勤。禁止在园内会客、打电话、玩手机、聊天。

（三）尊重见习单位的全体工作人员、本校指导教师、幼儿及家长等，见面应主动问好。

（四）学会沟通，虚心请教听取指导建议；做事积极，主动协助老师做好班级一日保教工作，整理观察记录、备课、搜集资料、制作教玩具等，努力做到学、思、行相结合。

（五）注重仪容仪表和言行举止符合行业规范要求，注重保持良好的精神状态到岗，着装便于岗位工作，不披头散发，不穿高跟鞋、拖鞋、吊带、露脐衣、低腰裤、短裙和短裤等，不涂抹指甲油、不化浓妆、不戴首饰等。

（六）关爱幼儿，公平地对待每一位幼儿，尽早熟记幼儿的姓名（包括昵称）、习惯、特点等。

（七）做好自我管理，贵重物品不带入园，必需的私人物品（如水杯、背包等）经询问所在班级老师后，放到指定位置。

（八）团结友爱，合作互助，共同维护班集体、学校的形象和声誉。

（九）严格执行请假制度。请假半天由带队老师审批，请假一天及以上由学院领导审批，按规定办理请假手续。所有请假手续都须记录在《见习总结》中，缺席超过见习时间三分之一，见习成绩为不合格。

（十）按时完成见习考核项目，按要求做好见习总结。

【校内指导教师职责】

（一）见习前

1. 联系商定见习班级数量及相关要求。

入园前一周与见习单位联系人沟通，说明本次见习目的、内容、要求及考核等事项；明确学生入班数量（大、中、小班）；沟通学生入园、离园时间（包括上、下午）及要求。

2. 指导学生合理分组。

指导学生分组，明确各小组成员、组长及职责。填写分组表（一式四份）交给幼儿园、班级指导老师、学校带队老师及学院。

3. 召开见习动员会。

帮助学生明确本次见习目的、内容与要求、考核项目、考核评定办法等；指导学生规划见习准备工作；引导学生正视本次见习。

4. 指导学生做好见习准备。

回顾相关课程知识要点，如"学前儿童生理与保育""学前儿童心理发展""学前教育原理"等；学习领会《幼儿园工作规程》《幼儿园教育指导纲要（试行）》《3-6岁儿童学习与发展指南》《幼儿园教师专业标准（试行）》等文件精神；储备相关技能，包括幼儿故事、儿歌、手指游戏等，各项不少于3个；准备见习相关材料，如笔记本、笔等。

5. 提示学生往返见习单位的路线，注意交通安全。

6. 强调安全事项，注意自身安全、幼儿安全等，妥善保管好自己的贵重物品。

（二）见习中

1. 第一天亲自带学生入园，组织学生聆听幼儿园负责人介绍办园情况、办园特色、保教经验等。

2. 每次到幼儿园，巡班了解学生到岗情况，观察学生见习状况，与幼儿园领导、带班老师及学生沟通，听取意见，及时发现和处理问题。

3. 指导学生开展见习活动，提示学生按照要求及时完成见习项目。

4. 收集学生的问题、困惑、需求等并及时解决问题。

5. 参与幼儿园教研活动，加强校园沟通合作。

（三）见习后

1. 检查验收相关材料，客观评定见习成绩。

2. 组织做好总结、评优工作，指导学生采用多种方式交流经验、汇报展示。

3. 做好见习指导总结，完成《带队指导工作总结》一篇，总结本次见习基本情况、突出优点、存在问题等，并提出可行性建议。

【幼儿园指导教师职责】

（一）见习前

1. 阅读见习计划，明确见习目的、内容与要求、考核项目、考核评定办法等。

2. 查看见习分班表，了解本次见习的带队老师，本班见习人数、姓名等信息。

（二）见习中

1. 向实习生介绍班级情况、幼儿情况，分享保教工作经验。

2. 向学校指导老师介绍学生见习表现，反馈见习中存在的优点和不足。

3. 指导学生开展见习活动，提示学生按照要求及时完成见习项目。

（三）见习后

1. 客观评定见习成绩，写出评语，全面评价学生见习期间的思想、行为和成效等情况。

2. 填写《见习成绩评定表》，交给本单位见习负责领导审核并盖单位公章。

【认知见习计划】（如表 1-1 所示）

表 1-1　学生认知见习计划表

见习生姓名		班级		学校指导教师	
见习幼儿园					
见习班级		幼儿园指导教师		见习时间	
本次认知见习要达到的目标					
学校目标			个人目标		
本次认知见习要完成的主要任务					
要完成的具体内容					
完成每项内容的具体方法					

幼儿园指导教师签字：　　　　　　　　　　　　　　　　　　　　　年　　月　　日

任务一 知道认知见习的意义

教师的专业成长是在教师的教育理论知识和教育实践相互作用下发展起来的。任何一个（准）教师的专业成长都不可能只是基于理论知识的建构，必须与一定量的教育实践紧密结合。认知见习，是教育实践的第一步，也是从事教育工作的（准）教师以专业的身份正式踏入教师行业的第一步。

一、什么是认知见习

认知见习是学前教育专业的学生在进入大学的第一年里，利用一定的时间进入到学前教育机构中进行观摩与实践，通过观察幼儿园的物质环境和人文环境，熟悉幼儿园一日生活各环节的组织管理及幼儿园教育活动类型、过程和基本组织方法，初步了解幼儿园教育的任务、幼儿园教育活动的基本特点，形成对幼儿教育的初步认识，为后续更有针对性、更有目的性地进行理论知识的学习和成为一名真正的幼儿教师奠定基础。

结合自己已有的经验，想一想你可能会在认知见习中了解到的幼儿园基本运作模式和教师的主要工作是什么？建议你可以先结合如表1-2所示做出自己的预判，等到认知见习结束后再次反观自己的预判，看看与实际观察到的情况之间有什么异同。

表 1-2 认知见习预判表

内　　容	预　　判	实际情况	我 的 思 考
幼儿园教育的主要任务			
幼儿园教育活动的类型			
一日生活的各个环节			
幼儿园教育活动的基本特点			
幼儿园教育活动的组织方法			

二、认知见习的价值和意义

认知见习，与保育见习、教育实习、顶岗实习等一样，都是学前教育专业学生进行教育实践的重要内容。作为幼儿园教育实践系列的第一个环节，认知见习承担着比其他几类见习更为重要的角色。从某种意义上说，认知见习，是学前教育专业学生认识自己未来所要从事的职业的第一步，学生在这一步里的经历和收获将在很大程度上影响和决定其后续的学习甚至是职业生涯的规划。因此，认知见习的重要价值不容忽视。

（一）初步认识自己未来从事的职业

对于刚刚进入大学校园的学前教育专业的新生，可能会对自己未来即将从事的职业有很多美好的设想，也或许对自己未来的职业定位有诸多困惑。而大学一年级开设的公共课和专业基础课很难有效地帮助他们解决这些困惑。在这个阶段，短期的认知见习，能够帮助他们了解未来的职业及工作环境，对今后的发展有着深远的意义。通过对幼儿园等教育单位的参观，可以更加真实地了解未来工作的环境和工作的内容；通过对幼儿教师日常教学工作的观摩，可以更加准确地认识未来从事的职业；通过跟幼儿和幼儿教师的交流，可以更加清楚地知道自己在今后的大学学习过程中要重点关注的内容；通过认知见习，也可能会发现一些教育实践中的问题，带着这些问题，可以有针对性地进行后续的学习。总而言之，认知见习是学前教育专业学生从理论的学习迈向真实工作情境的第一步。

（二）更有计划、有目的地进行专业学习

认知见习能够使新生在较短的时间内对自己未来的工作环境和工作内容形成初步的印象和认识，也给未来的专业学习指明了学习方向和学习重点。比如，有的学生对艺术教育领域非常感兴趣，可以在认知见习的过程中，观摩幼儿园艺术活动的组织方式和方法，再通过活动之后跟幼儿园教师的交流，帮助自己了解组织艺术活动时，教师所需要具备的基本知识和技能，使自己在未来的专业学习过程中更有侧重地培养和锻炼相应的能力。

【思政育人】

2018年9月，习近平总书记在全国教育大会上的讲话中指出，要在增长知识见识上下功夫，教育引导学生珍惜学习时光，心无旁骛求知问学，增长见识，丰富学识，沿着求真理、悟道理、明事理的方向前进。期待学生都能带着目标和理想投入到专业学习当中，抓住时机不断充实自己，做到腹中有诗书、心中有梦想、眼中有孩子，相信他们以后遇到任何困难，都能全力克服。

（三）培养最初的专业视野

随着对教育事业关注度的日益增高，社会对教师的专业化程度的要求也越来越高，教师的专业知识和专业视野成为衡量其专业化程度高低的重要指标。对于刚进校的大学一年级学生而言，学生还鲜有专业的知识和专业的视野。因此，进入到一线的教育单位观摩，为培养最初的专业视野创造了条件。如果不去一线的教育单位观摩，学生可能缺乏对幼儿能力和特点的把握，即使有很好的活动方案，也可能在实际组织活动时弄得一

塌糊涂；不去一线的教育单位观摩，学生不可能了解幼儿园的环境创设蕴藏着丰富的教育内涵和文化内涵；不去一线的教育单位观摩，学生更不可能知道，通过观察和教育幼儿，部分一线教师已经成为"行动研究"的高手……这些都能促使学生用专业的眼光去看待教育实践中的诸多问题和现象，从而促进专业发展。

【实践育人】

一位师姐的心声：当我选择学前教育专业的那一刻，我是懵懵懂懂的；当我踏进第五幼儿园的那一刻，我是充满向往的；当我作为一名幼儿教师的此刻，我是深感荣幸的。当我第一次走进班级的那一刻，我才逐渐认识到学前教育的工作任重而道远。班级里有调皮的贝壳让人发愁，有整日哭闹的甜甜需要安抚，有自理能力差的轩轩要不时照料，有总忘记如厕的明明需要注意……刚入园的孩子们总是会出现各种状况，需要老师时刻观察、及时提醒、随机处理的同时还要组织好一日活动。刚踏入工作的我还没有完全适应这样的节奏，不免会觉得分身乏术、筋疲力尽。

当然，在逐渐适应的过程中，孩子们在迅速地成长，我也从中受益良多，并乐在其中。我喜欢看他们在教育活动中充满好奇的大眼睛，争先恐后举起的小手，所以认真备课设计希望让他们得到更好的体验；我喜欢看他们在户外活动中奔跑的身影，欢乐的笑声，所以搜罗有趣的体育游戏希望他们能够快乐；我喜欢他们学会叠衣服、拉拉链、不撒饭时自夸自得的可爱模样，所以耐心地教他们做很多事情；我喜欢他们依赖我、信任我的感觉，所以更加严格要求自己。

现在，我的班级里有家长说孩子在家里待不住天天想来幼儿园，有的孩子回家以后喜欢和我微信聊天，有的孩子时不时抱着我说："老师，我好喜欢你"，还有以前带过的孩子们，每次见到我，不是大声地喊着我的名字，就是跑过来围着我抱着我……每当这时，我总是深感荣幸，何德何能可以得到这么多的爱和信任？也许这就是作为一名幼儿教师的意义所在。

任务二　明确认知见习的基本内容

一、认知见习所需的基础知识

认知见习作为学前教育专业学生第一次接触幼儿园的平台，对学生本身具有相关知识储备的要求并不算多。原则上，学生需要具备普通教育学、普通心理学、幼儿卫生学的基础知识。如果学生能在去幼儿园进行观摩之前对《幼儿园工作规程》《幼儿园教育指导纲要（试行）》《幼儿园教师专业标准（试行）》有基本的了解，则能帮助学生有更明确的观摩目的。

如表1-3所示，这是一个自我检查表，建议在认知见习之前结合此表检测一下自己已有的相关知识储备，并可以在见习结束之后反观此表，结合见习的经历对表中相关内容以及自己的学习侧重点进行规划和思考。

表 1-3 自我检查表

内容	完全不知道	有一定了解	非常清楚	见习后反思
普通教育学中关于教育的要素、教育目的、课程等内容的相关理论				
普通心理学中关于儿童发展的相关知识				
幼儿卫生学中关于幼儿日常卫生与保健的相关知识				
《幼儿园工作规程》				
《幼儿园教育指导纲要(试行)》中关于五大领域以及指导要点的相关内容				
《幼儿园教师专业标准(试行)》中教师专业能力方面的内容				

此外，作为一名准幼儿教师，需要时刻注意自己在幼儿园的言行，因为任何一个不经意的行为都有可能对幼儿产生影响。

【案例分享】

瑶瑶妈妈早上送瑶瑶入园时，告诉陈老师："不知道怎么回事，这段时间瑶瑶早上起来穿衣服特别挑剔，要选好久才能决定穿哪一件裙子，还哭闹着要去买新衣服。以前可从来没这样过。"听到这话，陈老师突然想起来，上周一入园的时候，自己随口夸赞了瑶瑶的裙子真漂亮，后来又没有夸奖她的衣服好看。是不是因为想继续得到老师的夸赞，瑶瑶才百般挑剔自己的衣服呢？陈老师询问了瑶瑶原因，验证了自己的猜想。通过这件事情，陈老师深刻认识到，教师一定要谨言慎行。

二、认知见习的基本内容

认知见习的内容具有广泛性，所有在幼儿园中发生的事件都可以成为见习中学习的内容。为方便论述，将认知见习的内容概括为以下几个方面：

（一）认知见习基本内容概览

1. 了解幼儿园的环境设施、人员配置、组织结构、内部管理和运行机制等全园性基本情况；
2. 与幼儿教师和保育员进行交流，了解教师和保育员工作的基本职责和工作要点；
3. 观摩教师对该班幼儿一日活动的组织与管理；
4. 观摩保育员在该班一日活动各个环节中的工作情况；
5. 完成对幼儿的观察记录，了解幼儿身心发展的主要特点；
6. 调查了解当前学前教育（特别是幼儿园教育）存在的一些焦点和热点问题，或者幼儿园特别关注的一些问题，并尝试发表自己的见解；
7. 在征得幼儿园指导教师许可的情况下，尝试给幼儿讲故事或者做手指游戏。

（二）对顺利进行认知见习活动的建议

为了保证教育见习的顺利开展，学生须谨记并遵循以下见习的原则。

第一，明确目标，做好规划。

尽管对见习有多种的期待，但为了保证见习的最佳效果，建议学生在见习前明确自己的见习目标，做好见习的任务规划。特别应该在保证完成学校（院）《见习指导手册》规定的相关任务的同时，侧重实现自己的预设见习目标。

第二，多看、多记、少说。

因为是首次以见习生的身份进入幼儿园，很多学生对幼儿园中诸多环节难免感到好奇，非常容易出现"十万个为什么"的情况，这不仅会在一定程度上干扰幼儿园的正常教学活动，也会影响见习的质量和效果。因此，建议在进行见习时多以观察和记录为主，待指导教师得空时再集中地向老师请教问题。

第三，谨记身份，谨言慎行。

有的学生在进入幼儿园时，不能准确地把握自己是见习生的身份，难免可能会出现一些不恰当的行为，如过度的偏爱某一个幼儿或者擅自做一些教育的决定。因此，需要随时提醒自己，严格遵循相关管理规定，少自己拿主意，多听从建议。

第四，带着"问题"去看待教育实践中的诸多现象。

尽管大部分的学生在第一次见习的时候所储备的专业知识和专业素养有限，但倘若能够带着"问题"的眼光去看幼儿园的教育实践，那么一定可以帮助学生在短期之内收获较多有用的信息。

如何在见习中收获更多有价值的信息

同样是去幼儿园见习，有的学生走马观花，有的学生收获满满。除了完成基本的见习任务外，一定要带着问题去看、去听、去想自己在幼儿园中的见闻。下面是一位师姐的做法。

今天我发现了一个很有意思的事情：语言活动中，林老师拿来了一本名叫《猴子捞月亮》的绘本介绍给小朋友。在介绍封面的时候，林老师说："小朋友们，你们看看这幅图上有什么？"当小朋友纷纷回答他们看到了猴子和月亮之后，林老师说："对啦，今天我们的故事叫作《猴子捞月亮》。"我注意到林老师在慢慢地给小朋友念书名的同时，用手指着书名上的每一个字。我当时觉得很纳闷："中班的孩子应该不会认识猴子捞月亮这几个字吧，那为什么林老师要这样做呢？"在午休的间隙，我带着自己的疑问请教了林老师，不仅知道了"早期阅读"这个名词，也知道林老师之前的行为称作"手口一致的点读"，并且了解到早期阅读对幼儿有很重要的作用。

第五，严格遵守学校（院）及幼儿园的相关管理制度。

有的学生在见习的过程当中，把大量的精力放在如何跟幼儿互动、跟老师沟通等方面，忽略了另外一些可能影响自己见习生活的细节。如很多的幼儿园都有关于幼儿教师仪容仪表的相关规定，这些规定无疑也对学生的仪容仪表具有约束力，学生必须严格遵循这些规定，让自己的见习生活更加顺利。

任务三 完成认知见习的任务

一、了解幼儿园的基本情况

（一）幼儿园的基本组织架构

见习生需要在较短的时间内，对见习所在幼儿园的基本情况有一个比较全面的了解，包括幼儿园的历史、幼儿园的师资配备情况及幼儿园的基本运行机制。在见习结束时，能够以不同的形式提交一份关于幼儿园基本情况的相关报告或者总结，如图 1-1 所示。

可以利用入园前的时间，或者入园第一天园方举行见习指导会时，由学生代表提出，请幼儿园的相关负责人向大家介绍幼儿园的基本情况。

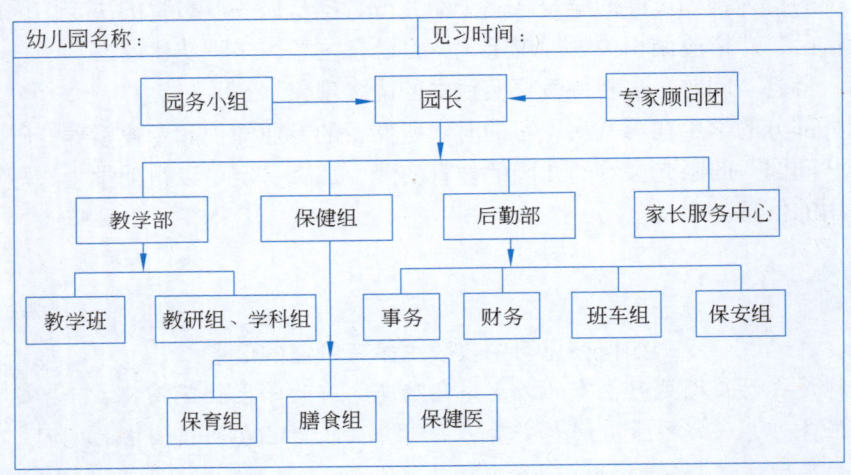

图 1-1 幼儿园的基本运行机制——幼儿园组织结构图（示例）

（二）教师、保育员的基本职责

通过与幼儿教师和保育员的沟通，了解教师和保育员工作的基本职责和工作要点，并参照对教师或保育员工作要求的相关条例，如《某幼儿园一日生活作息制度暨保教人员职业道德要求》，对见习所在单位教师和保育员的工作有比较感性的认识。

某幼儿园一日生活作息制度暨保教人员职业道德要求（参考）如下。

1. 幼儿园工作人员必须严格遵守幼儿作息制度。能根据天气变化、幼儿实际情况从幼儿身心发展特点出发，按一日生活各环节要求开展各项活动。

2. 两餐之间的间隔不能少于 3.5 小时，除特殊情况外不得提前或推迟开饭，幼儿进餐时间不得少于 20 分钟，不催饭。

3. 严格按幼儿园规定的幼儿午睡时间安排幼儿按时上床、起床，不得提前上床、过时起床。

4. 保证日托幼儿每天有 2 小时户外活动,其中 1 小时为体育活动。

5. 保证幼儿有充分的游戏活动时间。

6. 允许幼儿根据需要喝水和排便。

(三)幼儿一日生活

幼儿从早上入园到下午离园,中间这么长的时间主要做些什么呢?可能学生之前会有一些初步的了解,比如要吃饭、睡觉、玩游戏等,但是这些活动的先后顺序是怎样的?每类活动大概要多长时间呢?每所幼儿园的活动安排都是一样的吗?

幼儿园的一日活动一般包括:晨间接待、早餐、活动前准备、教学活动、喝水、早点、区域游戏、如厕、早操、户外活动、餐前准备、午餐、散步、如厕、午睡、起床、喝水、午点、区域游戏、如厕、喝水、离园等诸多细小的环节,有些环节的时间是相对固定的,比如午餐和午睡,有些环节可以根据实际情况灵活调整。请认真记录自己所见习班级的一周教育教学活动计划和幼儿的一日活动(如表 1-4 和表 1-5 所示),并积极思考,提出自己的困惑或者发现。

拓展资源 1-1
幼儿园一日生活

表 1-4 记录一周教育教学活动计划

_____ 班　一周教学活动计划

主题名称			完成时间			
主题目标						
环境创设						
生活活动						
家园共育						
晨间活动						

星期		一	二	三	四	五
上午	集中教学活动					
	户外游戏活动					

续表

下午	室内活动				
	室外活动				
	离园活动				

表1-5　幼儿园一日活动记录表

环节	时　间	教师或保育员的做法	我的思考
入园环节			
晨间、早操活动环节			
集体教学环节			
上午午点环节			
区域游戏环节			
进餐环节			
餐后活动			
午睡起床环节			
下午午点环节			
离园环节			
随机环节（如厕、喝水）			

二、了解幼儿园的环境

（一）幼儿园的物质环境

幼儿园的环境与中小学校园完全不同，具有鲜明的独特性。物质环境为幼儿提供学习、生活、娱乐等各种场所的设施、材料，能够满足幼儿各种活动的需求，是促进幼儿身心全面发展的最基本的保障。建立符合幼儿身心成长特点以及具有幼儿园教育特色的环境是非常重要的。幼儿园物质环境主要包括生活设施、玩教具材料设备等有形的物质。

幼儿园建筑记录表、户外环境记录表、室内环境记录表如表1-6—表1-8所示。

表1-6 幼儿园建筑记录表

建筑名称	用途	特点分析	照片
示例：幼儿园大门	可供人员出入；幼儿入园时晨检；离园时将幼儿交给家长接回	太阳、星星的图案有童趣，螺旋形的线条让人联想到幼儿喜欢的棒棒糖；不同颜色配在一起很有活力	

表 1-7　幼儿园户外环境记录表

场 地 名 称	材　　料	用　　途	照　　片

表 1-8　幼儿园室内环境记录表

名　　称	材　　料	用　　途	照　　片

（二）幼儿园的精神环境

　　幼儿园精神环境是集体氛围、活动气氛、心理因素构成的一个复杂的环境系统，它与幼儿园的物质环境共同构成了幼儿园环境的整体。尽管与物质环境相比，精神环境是一个看不见、摸不着的无形的环境，但它对身处幼儿园的老师和幼儿的心理活动与社会行为，乃至整个幼儿园的教育活动，都有着不可忽略的巨大的潜在影响力。在见习阶段，除了亲身感受幼儿园的人文环境，还可以通过观察教师之间的交流、教师与幼儿之间的互动、幼儿之间的互动来了解幼儿园的精神环境。教师相互交流记录表和师幼互动观察记录表如表 1-9 和表 1-10 所示。

表 1-9　教师相互交流记录表

交流内容	
交流形式	
交流时间	
交流的具体过程	
启发和思考	

表 1-10　师幼互动观察记录表

幼儿姓名		所在班级		互动时间段	
幼儿的行为表现		教师的教育措施			
我的思考					

除了观察之外,学生还要抓住去幼儿园的机会,多与幼儿互动,通过互动了解幼儿的想法,这是认识幼儿发展特点非常重要的途径。如果学生能勇敢地给幼儿讲个故事,带幼儿做个小游戏,或者与某个幼儿交谈了解到了幼儿的想法,请参考如表 1-11 所示进行记录。

表 1-11　与幼儿互动情况记录表

互动内容	
互动形式	
互动时间	
互动具体过程	
我的发现	

【实践育人】

尊重幼儿,是幼儿教育的前提,只有做到了尊重幼儿,教育才可能水到渠成。尊重幼儿是对幼儿的信任,信任是一种教育力量,尊重幼儿就是让幼儿对自己充满信心,相信自己有能力做出正确的选择和判断。信任幼儿就是将幼儿看作是一个可以进行自我管理的独特个体,不把成人的要求强加于幼儿,而是鼓励幼儿发表自己的意见,相信幼儿有自己的见解。学生在与幼儿互动的过程中,要充分尊重幼儿的想法,给予幼儿选择的空间,肯定幼儿的优点,增强幼儿的自信。

三、认知见习成绩的评定

见习结束,需要对学生表现进行综合评定,可以从幼儿园教师、学校指导教师、学生个人三方评定综合了解学生的整体表现。通过评定,可以促进学生的自我认识,引导学生专业发展。评定一定要真实客观、全面详细(如表 1-12 和表 1-13 所示)。

表 1-12　幼儿园指导教师评价表（参考）

行为表现	请在见习生出现的行为后打"√"	行为表现	请在见习生出现的行为后打"√"	行为表现	请在见习生出现的行为后打"√"	行为表现	请在见习生出现的行为后打"√"
有1—2次迟到		认真负责		具备随机应变能力		早退1次及以上	
言行举止得当，无影响幼儿园活动		爱思考，爱交流		私下议论老师和幼儿		见习过程总是玩手机	
轻声慢语		串班		态度温和		对幼儿或老师不理不睬	
对孩子比较有耐心		恶语中伤幼儿		披头散发进园，着装不符合要求		喜欢把双手放在口袋里	
经常捏孩子		礼貌待人		茫然被动		态度冷淡	
言行举止给幼儿园带来负面影响		积极协助老师处理班级事务		穿高跟鞋到园		积极主动了解幼儿园情况	
善于发现幼儿的优点		带零食、早餐进园		热情友好		愿意倾听	
能参与幼儿游戏活动		大部分时间保持微笑		能主动与教师沟通交流问题		对幼儿园里发生的一切不知所措	
喜欢幼儿		认真做好记录		旷课1次及以上		能及时回应幼儿	
无视幼儿园规章制度		对许多事都没有耐心		体罚幼儿		能蹲下来与幼儿交流	

其他：（幼儿园指导教师根据学生具体见习情况撰写评语）

教师签名（幼儿园盖章）：

年　　月　　日

表 1-13 学校指导教师评价表

评价内容	评价等级				
	1	2	3	4	5
1. 见习态度端正、不迟到，不早退					
2. 能正确画出幼儿园的组织架构图					
3. 见习记录表里能反映见习生在幼儿园的见习过程及内容					
4. 见习观察记录表能全面、客观地反映见习生观察对象的活动					
5. 在见习过程中善于发现问题，有讨论、有思考、有参与，并能做好讨论记录					
6. 见习总结能全面地反映一周见习活动及感受，能够客观地对见习过程中发生的事物进行评价					
7. 能通过多种（如图片、视频等）方式记录本次见习活动					
8. 按时提交见习材料					
总　　分					

学校指导教师意见（见习期间表现、见习总结和其他材料上交情况）：

指导教师签字（单位盖章）：

年　　月　　日

实习总成绩：

【能力拓展】

拓展资源 1-2　手指游戏

拓展资源 1-3　幼儿一日生活安排

【随手记录】

_____
_____
_____
_____
_____

项目二

学做保育

【学习目标】

（一）全面了解和熟悉幼儿园保育工作，认同保育见习对于幼儿教师专业成长的意义。

（二）能够理论联系实际进行保育实践，学会与幼儿互动，指导幼儿一日生活各环节的开展，并尝试进行自我反思。

（三）树立保教结合的观念，激发对幼儿教育工作的兴趣和积极情感，增强劳动意识。

【实践内容与要求】

（一）见习幼儿园保教工作

要求：观察和记录幼儿园一日活动的环节、事项和时间；观察和记录保育员老师一日主要工作、要点，明确保育教师的工作职责。

（二）实践幼儿园保育工作

要求：个人独立或小组合作组织一天保育工作；能按照保育工作要点和保育员工作职责组织各环节。

【实践安排】

建议安排在大一年级第二学期开展，可以集中时间去幼儿园1—2周。

【职业素养】

（一）通过学习一日生活各环节指导要点认识到保育工作的专业性，增强职业素养和职业认同感。

（二）通过观察幼儿的行为增进对幼儿的了解，树立尊重幼儿、热爱幼儿的信念。

（三）通过保育工作的准备、组织和与幼儿的互动，展现师德师爱。

【保育见习计划】（如表 2-1 所示）

表 2-1　学生保育见习计划表

见习生姓名		班级		学校指导教师	
见习幼儿园					
见习班级		幼儿园指导教师		见习时间	
本次保育见习要达到的目标					
学校目标			个人目标		
本次保育见习要完成的主要任务					

要完成的具体内容	
完成每项内容的具体方法	
幼儿园指导教师签字：	年　　月　　日

任务一　掌握保育工作应知应会

幼儿园的保育工作是班级工作的重要组成部分。有人觉得保育工作是照料幼儿的"吃喝拉撒睡"，是"搞卫生"，这些观点都是片面的，它们忽略了幼儿，忽略了不同做事方式对幼儿的影响。"一日生活皆课程"，只有做到"保中有教"，才能将理念落实为行动。

一、了解保育员的工作职责

我国2001年颁布的《幼儿园教育指导纲要（试行）》中指出："保育员也是教育工作者，其行为同样对幼儿具有潜移默化的影响。保育员应结合生活中的各个环节实施教育，与教师密切配合，引导幼儿健康发展。"在《国家职业技能标准》中，对保育员的职业定义是："在托幼园所、社会福利及其他保育机构中，从事儿童基本生活照料、保健、自理能力培养和辅助的教育工作的人员。"

（一）《幼儿园工作规程》对保育员职责的要求

《幼儿园工作规程》对保育员的职责要求作出了具体规定：
1. 负责本班房舍、设备、环境的清洁卫生和消毒工作；
2. 在教师指导下，科学照料和管理幼儿生活，并配合本班教师组织教育活动；
3. 在卫生保健人员和本班教师指导下，严格执行幼儿园安全、卫生保健制度；
4. 妥善保管幼儿衣物和本班的设备、用具。

从以上文件中可以看出，我国对幼教机构中保育员的角色定位并非仅是卫生保洁员，而是在教师的指导下，帮助教师实施保教的教育工作者。

（二）保育员在职责范畴内的具体工作

1. 在园长领导下，严格遵守园内的生活作息制度，做好本班保育工作；

2. 认真做好保洁工作，保证房舍、环境等干净、整洁；
3. 做好幼儿生活、饮食、大小便、水面、穿衣、户外活动等护理工作；
4. 在保健老师的指导下，严格执行各项安全制度，防止意外事故发生；
5. 熟练掌握并认真执行托幼机构常用物品清洁及消毒常规；
6. 妥善保管好本班各种物品，负责本班的饮水工作，不随便使用幼儿物品；
7. 对幼儿态度和蔼、动作轻柔，钻研业务，不断提高保育质量。

（三）保育员的一日工作安排（如表 2-2 所示）

表 2-2　保育员一日工作安排表（参考）

时 间 段	工 作 安 排
7:30—8:00	协助教师进行晨检接待
8:00—9:00	协助教师组织幼儿进行户外活动、体格锻炼
9:00—9:30	幼儿用早点，负责餐桌消毒和早点发放
9:30—10:30	早点后的茶杯清洗、消毒及环境打扫等
10:30—10:50	午餐前准备，消毒液配制，餐车或餐前准备，桌子和餐盘消毒
10:50—11:10	清洁消毒桌子，摆放幼儿餐具，准备好餐巾
11:10—11:50	给幼儿打饭、添饭，帮助托班幼儿喂饭；可有意识锻炼幼儿自主进餐
11:50—12:20	餐后活动室的整理打扫，自助午餐
12:20—12:30	协助教师组织幼儿午睡
14:00—14:30	餐后清洗消毒，准备下午的开水，活动室空气消毒
14:30—14:45	协助教师组织幼儿起床，并进行床铺整理
14:45—15:20	午点准备，并给幼儿分发点心；中大班可请幼儿帮忙分发或自主取餐
15:20—16:30	常规清洁卫生保育工作
16:30—17:10	协助做好幼儿离园工作，清洗保温桶及湿拖走廊等日常卫生工作

二、幼儿园日常消毒工作

（一）幼儿园班级日常消毒工作（如表 2-3 所示）

表 2-3　幼儿园日常消毒工作一览表

物 品 名 称	消 毒 方 法	消 毒 要 求
活动室、寝室	紫外线灯或臭氧消毒灯照射，经常开窗通风	每周消毒一次；呼吸道疾病流行时每天一次
地面门窗、椅子	含有效氯的消毒液擦洗	每天一次
便器	含有效氯的消毒液浸泡	小便器每天消毒一次；大便器用后随时消毒
拖把	含有效氯的消毒液洗泡	每天消毒一次
厕所	清水冲洗或消毒液清洗	清水随时冲刷；含氯消毒液每天 1—2 次冲洗
玩具	消毒液洗泡，不宜洗的放日光曝晒或消毒柜消毒	每周清洗消毒一次；发生传染病时每天消毒一次

续表

物品名称	消毒方法	消毒要求
医疗器械	医疗器械，敷料用高压蒸汽或消毒柜消毒	每周一次
茶杯	消毒柜消毒	茶杯和擦手毛巾每天清洗消毒一次，餐具和餐巾每餐消毒；喝豆浆或牛奶后茶杯要再消毒一次，餐具最好不用消毒液浸泡消毒
擦手毛巾	蒸汽法：水开后蒸30分钟	
餐具	煮沸法：水盖过物品，水开后煮15分钟	
餐巾	毛巾、餐巾也可消毒液浸泡5—10分钟	
被褥	日光曝晒或消毒灯照射	每两周一次；传染病期间每周两次
枕套、床单	一般清洗	每月一次
床席、枕席	热水擦洗或含氯消毒液擦洗	每天一次（夏季）
茶杯箱、毛巾架	含氯消毒液擦洗	每周一次
厨房用具	按食品卫生要求消毒	每天餐前高温消毒一次
环境卫生	清扫、湿抹	每天小扫，每周大扫
病儿呕吐物及剩余食物	倒入含有效氯的消毒液搅拌	倾倒
手	肥皂流水清洗	饭前或便后用肥皂洗手
体温表	浓度75%的酒精浸泡消毒5分钟	每次使用前用棉球擦干净

（二）常用的消毒方法

1. 茶杯消毒方法

茶杯的消毒：

（1）如果使用茶杯只喝水，不喝牛奶或豆浆，每天只需消毒一次。如果喝牛奶或豆浆，必须在吃完后立即清洗消毒或备两套杯子替换。

（2）先彻底清洗，后消毒，方法如下：

①消毒柜消毒。

②蒸汽法：水开后蒸30分钟。

③煮沸法：水淹没物品，水开后煮15分钟。

2. 消毒液使用方法

（1）84消毒液：配制比例为1∶500或1∶200（传染病流行期间），即1份消毒液兑水500毫升或200毫升。

兑水配制时水温要低于30℃，另外，浓度在1∶200时要戴薄手套操作以免损伤皮肤。进口的物品尽量不用化学消毒剂进行消毒，如餐具、茶杯。

1. 餐具、饮具：1∶500浸泡5—10分钟（一般情况下不允许使用）。
2. 水果、蔬菜：1∶1000浸泡15分钟。
3. 课桌面、玩具：1∶500或1∶200擦拭。
4. 空气：1∶1000喷洒。

（2）漂白粉液：1%—5%，即 1 份或 5 份原液兑水 100 毫升或 500 毫升。刷厕所、浸泡痰盂配制比例为 1%、搅拌呕吐物比例为 5%。

漂白液对金属有腐蚀性，配制时要放在瓷器或塑料桶里；浸泡物品时应加盖，防止挥发；后续使用时需要充分搅拌，以免沉淀；夏季每天更换，冬季 2—3 天更换一次。

3. 紫外线消毒的规范

（1）紫外线消毒时，室内幼儿必须全部离开。

（2）紫外线有效距离较短，一般距离照射物不宜超过 2.5 米。空气消毒时，10—15 平方米面积安装一只 30 瓦的紫外线灯每次照射 40—60 分钟；活动室一般为 50—60 平方米，一般需 3—4 盏紫外线灯同时进行消毒。桌面、玩具、图书等消毒时，距离为 1 米，时间为 30 分钟。

（3）每两周用酒精棉轻轻擦拭灯管表面一次，除去上面灰尘和油垢，否则会影响紫外线的穿透效果。

（4）每次用后记录使用时间，一般紫外线灯的使用时间为 1000 小时，应及时更换。臭氧消毒灯也应及时增加臭氧。

（5）房间内消毒时，空气地面应保持干燥、清洁，否则影响消毒效果。

（6）消毒图书、衣物、玩具等时，要定时翻动，使各个面都得到紫外线的照射。

三、日常保育工作规范

（一）组织幼儿喝水

应在幼儿进班前将消毒好的茶杯放入茶杯箱，并准备好保温桶内幼儿的饮用水，随时供幼儿饮水。

1. 保温桶内水的水温要符合幼儿安全，以滴在成人手背上不烫为宜。
2. 茶杯、茶杯箱、茶杯桶要按规范进行消毒。
3. 放茶杯时，手要洗干净，手抓杯柄，不能用五根手指伸入杯内去抓。并检查茶杯箱上幼儿的姓名标签是否清楚。
4. 茶杯箱应用清洁布帘罩起来。

（二）照顾幼儿盥洗

养成幼儿手脏时、进食前、大小便后用肥皂在流动水下洗手的习惯。洗手时应注意：

1. 洗手前教幼儿怎样卷袖子，年龄小的幼儿可由教师帮忙。
2. 应用流动水洗手，并指导幼儿怎样洗手。

3. 给幼儿盥洗时动作要轻柔，语言要和蔼可亲。
4. 盥洗结束时，清洗消毒，拖干净地面的水渍，摆齐物品。

（三）组织幼儿进餐

1. 餐前管理

（1）保育员在每日进餐前 30 分钟开始餐前准备。

（2）配制好擦桌子等用的消毒水，将餐前准备桌、餐盘消毒好。

（3）取回餐具放在餐前准备桌上。

（4）餐前 10 分钟开始擦桌子（先用消毒水擦一遍，再用清水擦一遍）。

（5）擦完桌子后，在每张桌上放一个消毒好的餐具，根据本桌就餐人数，放置对应数量的筷子或小勺。

2. 餐时管理

（1）配合本班教师为幼儿打饭菜，注意必须站在餐前准备桌后面，面对孩子打饭菜。

（2）照顾好体弱儿及吃饭慢的孩子，可安排先吃。

（3）盛饭菜时要注意量的分配，第一碗米饭要多盛一些，基本满足幼儿的食量。鼓励孩子们添饭，并用引导性的语言增强孩子们的食欲："今天的饭菜真香，连老师都想吃了。""时间很多，别急，慢慢吃。"

3. 餐后管理

（1）保育员要事先准备好餐巾，可放在茶杯箱上或餐前准备桌上。

（2）餐后卫生由保育员负责，但必须等最后一个幼儿吃完后再进行打扫。

（四）照顾幼儿吃点心

1. 早点

（1）中大班幼儿早点可以不用桌子，小班、托班幼儿需放在桌上吃，如果晨间打扫时桌子已消毒过，而且没有弄脏，吃早点时桌子可以不用再擦一遍。

（2）由保育员负责倒豆浆或牛奶，须走到每个幼儿位子前去倒，决不允许站在讲台前让孩子端杯子来倒，量以杯子的一半为宜，并注意二次添加。

（3）吃完早点，由保育员负责收拾整理，只有一套杯子的班级要及时清洗消毒，两套的及时更换。

2. 午点

保育员负责午点的准备，吃自制点心的工作规范同午餐，干点心的工作规范同早点。

（五）照顾幼儿午睡

1. 午睡前，保教人员首先调节好室温，一般 28℃左右为宜。

2. 为幼儿安排合适的睡床、被褥、枕头，并随季节变化及时更换。

3. 午睡一般安排在饭后 30 分钟，不早于 12:30，睡眠时间不少于 2 小时。

4. 午睡时应脱去外衣裤。睡通铺的要求一人一枕被，头对脚分隔睡眠。

5. 睡叠床的要注意安全。经常检查脚蹬架是否牢固等，防止幼儿坠落。

6. 幼儿睡眠时，保教人员不能大声说话、喧闹，应进行巡视，发现异常情况及时报告。

7. 午睡后由保育员负责整理床铺，开窗通风。

（六）及时增减衣服

幼儿的衣服一般和成人穿得数量差不多，冬季略比成人多穿一件，只要手脚暖和就好。有时穿得过多反而手脚冰凉，是因为穿多了孩子活动不便引起血液循环不畅。注意在户外活动、锻炼、进餐及午睡时，随时给幼儿增减衣服。

（七）园所的安全工作

1. 安全检查制度，定期检查有无安全隐患存在。
2. 保教人员工作时坚守岗位，不聊天，不处理私事。
3. 护理幼儿时态度和蔼，动作轻柔，不体罚。
4. 各种物品应放在固定安全的位置，特别是消毒物品、热水瓶等有可能伤害幼儿的物品。
5. 严格执行交接班制度，实时确认幼儿人数，防止走失。

（八）培养幼儿良好的卫生习惯

良好的卫生习惯包括饮食、睡眠、盥洗、大小便及生活自理与互助等。根据孩子不同年龄段神经、精神发育的特点，采用示范法、结合法、反复练习法、定位法、督促检查法等方法，适当引导孩子，从而养成良好的卫生习惯。

（九）配合教师做好教养工作

教养工作贯穿在孩子的一日生活之中，保育员要配合教师从孩子入园开始，即在饮食、睡眠、盥洗、游戏等各个方面渗透教育内容，如饮食方面，培养孩子不挑食、独立吃饭等能力；盥洗方面，引导孩子学会饭前便后用流水正确洗手，认识自己的擦手毛巾等；睡眠方面，培养孩子按时独立睡眠，养成自律的习惯等。

（十）做好班级体弱儿童的管理和全日观察

体弱儿管理：在保健老师的指导下，掌握本班体弱儿的情况，并根据体弱儿的具体情况在一日生活中给予不同的照顾和护理。

全日观察：配合教师根据保健老师提出的需要观察幼儿的情况，并根据观察表上的内容进行观察，特殊症状的幼儿根据症状观察，如针对咳嗽的幼儿重点观察白天咳嗽情况，哮喘的幼儿重点观察气喘情况等；一般每日上午、午餐后、下午起床后各填写一次记录，并在生活、饮食、大小便上给予照顾。

（十一）管理肥胖儿童的饮食

医学上对体重超过按身长计算的平均标准体重 20% 的儿童，称为小儿肥胖症。

1. 同家长配合控制饮食，限制甜食、零食等高热量、高脂肪食物的摄入。
2. 应控制米、面等食物，适当增加一些瘦肉，为满足孩子的食欲，可多食饱腹性高、热量低的水果、蔬菜等。
3. 适当增加孩子的体力活动，宜选择在午餐后进行。
4. 心理介入，给孩子说明肥胖的危害，增强减肥的信心。

（十二）护理咳嗽、哮喘幼儿

加强护理，根据气候变化，适当增减衣服；睡眠时应避开窗户，避免受凉；衣着不宜穿得过多，可和成人差不多；发病期间，注意休息，不宜剧烈活动。

任务二　熟悉幼儿一日生活环节指导要点

一、幼儿园保育工作要点

（一）入园

1. 幼儿入园前做好活动室内外清洁工作并开窗通气。
2. 热情接待幼儿，向家长询问幼儿在家情况，听取家长意见，做好个别幼儿衣物、药物的交接工作。
3. 做好晨间检查：一摸，摸额头是否发烧，腮腺是否肿大；二看，看脸色、皮肤、眼神、咽喉有无异常；三问，问幼儿在家吃饭情况，睡眠是否正常，大小便有无异常；四查，检查幼儿是否携带不安全物品。
4. 观察幼儿晨间活动，如看图书、搭积木、下棋等，记录幼儿在活动中的表现。

（二）早操

1. 清点幼儿人数，按时列队出操，上下楼梯注意幼儿安全。
2. 教师带操，精神饱满，动作到位，协助教师按列队收操。
3. 组织幼儿有序进入活动场地，情绪愉快，注意力集中，姿势正确，动作整齐，达到锻炼目的。

（三）游戏与各类教育活动（包括集体教学及区角活动等）

1. 活动前：协助教师做好场地、玩具、材料等准备，保证游戏与活动的顺利开展。
2. 活动中：协助教师维持活动秩序，提醒幼儿保持正确的学习姿态，指导幼儿正确地使用教具、学具、玩具等用具，注意安全。
3. 活动后：指导幼儿收拾整理学具、玩具，协助教师收拾教具等物品（可指导幼儿值日生参与）。

拓展资源 2-1
集体教学活动中的保育

（四）盥洗

幼儿盥洗活动包括大小便、洗手、洗脸等。通过盥洗活动，培养幼儿掌握正确的洗手、洗脸的方法，养成早晨和午睡起床后以及便后、吃饭前后、手或脸脏后，主动清洗的良好个人卫生习惯。

1. 做好盥洗前的准备工作，放好肥皂（洗手液）、消毒毛巾和卫生纸等。
2. 引导幼儿按顺序或分组盥洗，帮助幼儿掌握洗手、洗脸的顺序和方法，对有需要的个别幼儿进行指导；提醒幼儿用自己的毛巾盥洗；进餐后，指导小班幼儿漱口、中大班幼儿刷牙。

3. 提醒幼儿自觉遵守盥洗的规则，不拥挤打闹，不玩水，动作迅速、认真。

4. 对能力较弱的幼儿给予耐心的关怀和帮助，不能恶语伤人，以免加重幼儿的生理和心理负担。

（五）饮水

水杯要定期消毒，放在固定位置。引导幼儿学会用自己的水杯喝水，喝水时不说笑、不浪费；水杯用完后放回原处。保证班上随时有温水，并及时提醒幼儿喝水。

（六）进餐

1. 进餐前半小时安排幼儿进行安静的活动；进餐前 15 分钟提醒幼儿收拾玩具，摆放好桌椅；擦净餐桌，准备餐具（可指导值日生完成）。

2. 进餐时注意观察幼儿进餐情况；轻声和蔼地指导和帮助幼儿掌握进餐技能，引导幼儿正确使用餐具：一手拿勺子，一手扶住碗，喝汤时两手端着碗；根据幼儿的饭量随时为幼儿添加饭菜，不催促幼儿多吃、快吃；逐步培养幼儿文明进餐习惯，提示幼儿细嚼慢咽，不挑食，基本保持桌面、地面和衣服的清洁，不剩饭菜，提示幼儿吃完最后一口饭才能离开座位。

3. 应提示幼儿把餐具、椅子整齐放在指定地方；提醒幼儿餐后擦嘴，用温水漱口；及时把本班碗筷送回幼儿园食堂；收拾餐桌，清扫地面；对擦嘴毛巾、漱口杯进行消毒；午餐后组织幼儿进行一段时间的自由散步。

特别提示：进餐前后不批评幼儿，以免影响幼儿情绪，进而影响幼儿的食欲或消化。

（七）睡眠

1. 幼儿入寝前，拉上窗帘，适当开窗，保持室内空气流通，创造安静、舒适的睡眠环境。指导幼儿正确地穿脱衣服，并把脱下的衣服叠好放在固定位置。

2. 幼儿入寝中，帮助幼儿盖好被子，纠正不正确睡眠姿势和不良习惯，引导安静就寝。随时巡察，发现幼儿神色异常要及时报告并处理。

拓展资源 2-2
午睡环节的组织

3. 幼儿起床后，指导或帮助幼儿整理床铺、仪表，注意培养幼儿生活自理能力。

特别提示：注意提醒个别幼儿大小便，对尿床的幼儿要耐心、安慰，不要讽刺、挖苦，以免幼儿身心受到伤害。

（八）游戏与户外活动

1. 活动前检查场地和运动器械，检查幼儿服装、鞋子，保证活动的安全；根据气候条件和幼儿体质状况，提醒和帮助幼儿增减衣服；要备好干毛巾，供幼儿擦汗；对体弱幼儿要进行个别照顾。

2. 活动中注意观察幼儿身体情况，遇到身体不适的幼儿，要及时处理；经常提醒幼儿注意安全，引导幼儿学会自我保护。

3. 活动后迅速收拾场地和器械，指导幼儿力所能及地参与收拾和整理；及时帮助或提醒幼儿擦汗、换衣服等，以防感冒。

特别提示： 如发生意外事故，要及时保护和安抚幼儿，并立即找有关人员处理，不要隐瞒和拖延。

（九）离园

1. 进行总结性谈话，与幼儿一起回顾一天的生活，对幼儿的进步加以表扬和鼓励。

2. 指导和帮助幼儿整理好仪表，提醒幼儿带好回家的用品（如书包、衣服、水壶等），有礼貌地同教师和小朋友告别。

3. 认真倾听老师和家长的交谈，学习家园交流和沟通的技巧。

4. 热情接待每一位家长，主动地、有目的地与家长进行简短交谈，介绍幼儿在园表现和健康情况，回答家长的询问，特别是对在饮食、健康上有异常的幼儿要及时、详细地向家长汇报。

5. 对到时间未接走的幼儿，应有组织地开展活动（如自选玩具、图书和做安静游戏等），要做好安抚工作；如果自己要离开一定亲手把幼儿交给值班教师，并办理交接手续。

6. 做好活动室、盥洗室的清洁、整理工作，要认真检查本班的门、窗、水、电是否关闭，处理好后方可离园。

特别提示： 在"离园"这一环节，应务必亲手把幼儿交给家长，不得将幼儿交给不相识的人（包括没有见过的家长或离婚后不监护/抚养孩子的家长）。

【实践育人】

从以上一日生活各环节指导要点可以看出，幼儿园教师并不像以前人们认为的"保姆"或"阿姨"一样，而是具有明显专业特点的一门职业。即使是照顾幼儿的吃喝拉撒睡，却包含规范的要求和程序，科学性特点鲜明。在日常的各项生活活动中，还蕴含着非常重要的教育内容，如安全教育、自理能力、良好生活卫生习惯的培养等，都需要在一日活动各环节加以渗透。希望学生能够充分认识到幼儿园教师的专业性，努力提高自己的专业能力。

（十）过渡环节

从一个环节转换到另一个环节的过程通常称为过渡环节。有很多方式可以替代或者拓展过渡环节，减少幼儿的消极等待。比如手指游戏、音乐游戏、儿歌、故事等都是利用过渡环节时间，是吸引幼儿注意力的常用策略。不同的教师处理过渡环节的做法会有差异。见习或实习学生主要的工作之一是观察班上教师处理过渡环节的做法，刚开始实践时与班上教师保持一致的做法很重要，等自己和幼儿熟悉后再逐步增加新活动。

拓展资源2-3
过渡环节的灵活组织

（十一）随机教育

学前教育最典型的特征是保教合一，看似平常的吃喝拉撒睡的过程中，实际上蕴含了诸多教育的时机，如表2-4所示，列出了各个生活环节可能存在的促进幼儿学习和发展的机会，希望学生可以举一反三，灵活渗透。

表 2-4　保育工作中的保教结合

环节	保 教 结 合
来园晨间活动	健康：在心情墙上标出自己今天的心情 社会：与人打招呼，将个人物品存放在指定位置，了解今天谁没来上学 科学：统计没有按时入园的幼儿人数，获得时间概念，养成按时来园的习惯
盥洗	健康：了解必要的卫生常识，知道何时需要洗手，饭后刷牙、漱口；掌握必要的生活技能，学习正确的洗手、刷牙方法 社会：遵守社会生活规范，知道排队等待、及时关水龙头等 科学：感知水的特性，有节约用水的意识
如厕	语言：用语言表达各种生理需求或知道寻求帮助 社会：学会如厕后整理衣服、便后冲马桶，有性别意识
喝水进餐	健康：餐前讨论今天的食物，了解健康饮食知识，纠正和避免偏食、挑食；熟练使用各种餐具，促进手部精细动作的发展；自主添餐，学会根据自身的饭量和进餐速度自主盛饭菜；纠正进餐速度过快或过慢等不良进餐习惯 社会：不大声说话；有良好的坐姿，手持碗，保持桌面和地面整洁；在餐前准备、餐后整理和打扫环节能自我服务、为同伴服务；感知食物来之不易，体会劳动的艰辛，尊重别人的工作；品尝传统节日的特色食品，了解中国传统文化 科学：分发餐具——对应、按数取物；记录并统计自己每日喝水的次数；用简单的方法记录进餐速度和食量 艺术：欣赏午餐音乐
睡眠	健康：学会有序地穿脱衣裤，并整齐叠放在固定位置；会叠被子，整理自己的床铺 社会：养成良好的睡眠习惯，做到安静地入睡，不影响他人 语言：幼儿安静倾听教师讲述的睡前故事 艺术：睡前欣赏世界名曲；幼儿布置自己喜欢的午睡室
离园	社会：与同伴、老师等身边的人道别，礼貌应答；将使用的玩具物归原处，不遗忘自己的物品 科学：了解其他小朋友使用何种交通工具回家，培养环保理念和交通安全意识

二、各年龄段幼儿自理能力的发展

幼儿在保育的过程中不只是被动接受照顾，他们有独立成长、积极参与的内在需要，保育的根本目标是促进幼儿获得独立生存的能力和富有个性的发展，因此，在一日生活中对不同年龄段的幼儿也有不同的要求（如表 2-5 所示）。

表 2-5　一日生活各环节对幼儿的要求

环节	小　班	中　班	大　班
来园晨间活动	衣着整洁，愉快来园接受晨检；有礼貌地向老师、小朋友问好；在成人的帮助下，能自由玩玩具或看图书，或和老师一起给植物浇水	衣着整洁，愉快来园主动接受晨检；礼貌问好；到班后将物放在指定位置；学习自由取放、整理玩具和图书	到班后独立迅速地将衣物放在指定位置；独立从玩具柜上取放和整理玩具、图书
盥洗	在老师的提醒和帮助下能按正确的方法洗手；学习洗手的文明卫生习惯；按顺序洗手、不玩水、不拥挤，手擦干净后离开	能自己独立认真正确洗手；洗手不挤、不玩水，擦干净才离开；手脏自己洗手	能正确、认真、迅速洗手；洗手不挤、不玩水，擦干净才离开；手脏时自己洗手

续表

环节	小班	中班	大班
如厕	养成定时大小便习惯；便后在成人的帮助下洗手	养成定时大小便习惯；便后会独立正确洗手	养成定时大小便习惯，大便能自理；便后迅速、正确地洗手
喝水	用自己的水杯，在老师的提醒下按时喝水；活动或口渴时随时饮水；不浪费水；初步学习把水杯放回固定位置	能在老师的提醒下按时喝水；活动或口渴时随时饮水；不浪费水；会将水杯放回固定位置	能按时喝水；活动或渴时随时饮水；不浪费水；迅速整齐地将水杯放回固定位置
进餐	安静就座进餐；在老师提醒下正确使用勺子吃饭，学会搭配饭、菜和汤就餐，不在稀饭里泡馒头；学习进餐的文明卫生习惯，细嚼慢咽不呛嘴，不偏食、不挑食，不洒落饭菜；饭后漱口、擦嘴、洗手	尝试使用筷子吃饭，逐步养成进餐的文明卫生习惯，细嚼慢咽不呛嘴，不偏食、不挑食，不洒落饭菜；咽下最后一口饭后再站起来，用筷子将桌上的饭粒残渣装进碗里，轻放椅子，送回餐具；值日生协助保教人员收拾餐桌清扫地面	正确使用餐具，会用筷子吃饭；值日生协助保教人员进行餐桌消毒、摆放碗筷、收拾餐桌清扫地面
睡眠	散步、如厕、安静入寝室；在成人帮助下脱去外衣、鞋子，叠好放在固定位置；不带小玩物上床，安静入睡；不蒙头睡觉；起床掀开被子，按时起床。在老师帮助下穿衣服、鞋子	独立、有序地脱衣服、鞋子，不带小物件上床，铺好被子，安静入睡；睡姿正确；独立有次序地穿衣服，学习整理床铺	独立地放好枕头、拉开被子，较迅速有序地脱衣服、裤子、鞋袜；不带小物件上床，铺好被子，安静入睡；独立、有顺序、较迅速地穿衣服；独立、迅速地整理床铺
离园	在老师的帮助下，收放好玩具；在成人帮助下，穿衣或戴帽；向老师、小朋友说再见	在老师提醒下收放好玩具；基本能独立地穿衣、戴帽或拿自己的书包；向老师说再见，小朋友互相说再见	主动认真地收放玩具；向老师、小朋友告别；独立、迅速地收拾自己的物品

三、幼儿园一日生活各环节的观察

幼儿园作息时间一般按照模块来划分，大环节有相对固定的时间，建议抄写班级中的一日生活作息时间表，了解幼儿园一日生活各环节的时间和内容（如表2-6所示）。

表2-6　一日生活作息时间表（年龄段：_____班）

环节时间	环节内容	本环节中需要做的保育工作	教师工作要点	个人感悟

续表

环节时间	环节内容	本环节中需要做的保育工作	教师工作要点	个人感悟

在不干扰幼儿园一日生活与教学的基础上，认真观察保育员和教师所做的保育工作内容，并记录在如表2-7所示的内容中，表格中数字1—10代表见习的第几天，记录方法为在相应的保育工作后面的空格内中打√。如果发现有些保育工作不在表格之列，请在表格的最后一行"其他"这一行中补充填写。

表2-7 保育工作见习记录表

生活环节	保育工作	时间									
		1	2	3	4	5	6	7	8	9	10
入园	开窗通气										
	询问幼儿身体状况，收好并记录家长带来的药物										
	检查幼儿有无携带不安全物品										
进餐	桌面消毒，为幼儿进餐做准备										
	发放餐具、分饭菜、添汤添饭										
	提醒吃完的幼儿主动送还餐具，并擦脸、擦手、漱口										
	餐后及时打扫地面，擦桌子										
	完成餐具、茶水的搬送工作										
	定时提醒幼儿喝水，及时提醒想喝水的幼儿去喝水										
户外活动	活动前先检查幼儿的着装，不符合要求的及时更换										
	准备好毛巾和水备用										
	帮助教师取放相关的活动器材										
	随时观察幼儿的出汗情况，及时提醒幼儿穿脱衣服										
	提醒幼儿及时擦汗、适量喝水										
游戏	游戏开始前准备充分的游戏材料										
	帮助整理收拾玩具有困难的幼儿一起收拾整理玩具和材料										
	定时对游戏玩具和材料进行清洗和消毒										
	参与游戏玩具和材料的开发、制作和投放										
离园	检查幼儿的个人卫生，检查幼儿的个人物品有无遗失										
	与患病儿童家长沟通服药情况										
	提醒家长配合做好幼儿被褥添加、清洗等工作										
	提醒家长不要让幼儿把危险物品带到幼儿园来										
	幼儿全部离园后，做好本班各室的清洁、消毒工作										
	关闭电源、水源、门窗，保证安全										

续表

生活环节	保育工作	时间									
		1	2	3	4	5	6	7	8	9	10
其他											

任务三　见习幼儿园保育活动

一、幼儿晨间检查和全日观察

晨间检查是幼儿入园的第一个环节，这一环节可以让教师了解每个孩子的身体和情绪状况，为接下来在园一整天的生活做好应对。之后还要进行全天的持续观察，及时掌握幼儿身体的突发情况和情绪的变化。晨间检查和全日观察记录表如表2-8所示。

表2-8　晨间检查和全日观察记录表

日期	姓名	晨间情况	上午观察				下午观察		处理意见
			精神	食欲	有无发热	有无吐泻	睡眠	精神	

二、一日生活主要环节观察

除了进行全日观察外,还需要针对晨间锻炼(如表2-9所示)、进餐(如表2-10所示)、睡眠(如表2-11所示)、户外活动(如表2-12所示)、离园(如表2-13所示)等环节进行针对性的观察,以便把握幼儿的运动量,及时增减衣服;了解幼儿生活自理能力的发展,为个别化教育做好准备。

表2-9 幼儿晨间锻炼观察记录

班级		人数		日期		备注
安全状况	□ 场地安全　□ 内容安全		□ 玩具材料安全　□ 其他		□ 器械安全	
幼儿反应	疲劳流汗:□ 大部分 适度出汗:□ 大部分 不 出 汗:□ 大部分		□ 小部分 □ 小部分 □ 小部分		□ 个别 □ 个别 □ 个别	
特殊儿童情况记载						
处理意见						

表 2-10　幼儿午餐观察记录

班级		日期	
观察内容	实录		存在问题及改进措施
食谱制定情况			
幼儿用餐情况			
进餐习惯			
幼儿餐后情况			
体弱、肥胖儿的特殊关注			

表 2-11　幼儿午睡观察记录

班级		日期	
内容	实录		问题及改进
睡前安全检查			
睡时看护			
保暖降温情况			
生活自理情况			
特殊儿童的关注			

表 2-12　户外活动观察记录

班级			人数	
安全状况		☐ 场地安全 ☐ 内容安全	☐ 玩具材料安全 ☐ 其他	☐ 器械安全
幼儿反应	活动秩序	☐ 自觉有序 ☐ 无序		☐ 能听从指挥 ☐ 混乱
	参与情况	☐ 积极投入 ☐ 被动参与		☐ 愿意参与 ☐ 不愿参与
	材料使用	☐ 创造性地使用 ☐ 初步学会使用		☐ 正确使用 ☐ 不会使用
特殊情况记录				
处理方法				

表 2-13　幼儿离园记录

班级								日期	
幼儿姓名	穿戴整齐	情绪状态			指定人员接送	带回物品	特殊关照内容	备注
		好	中	差				

三、个别观察

【实践育人】

世界上没有两片完全相同的树叶,也没有两个完全相同的人。当学生了解了一般幼儿的年龄特点以后,还需要对个别幼儿的行为进行具体的了解。在保育见习或实习阶段,要学会对有特殊需要的个别幼儿进行观察,身体的和心理的两个方面都需要关注。如果学生认真观察了解每一位幼儿的身心特点之后,会惊喜地发现,原来每个孩子都有自己的闪光点,都值得教育工作者去尊重、去呵护、去热爱。保育个案观察记录表、幼儿常见心理卫生问题观察记录表如表 2-14 和表 2-15 所示。期待学生在观察中真正读懂幼儿,给予幼儿适宜的发展支持。

表 2-14 保育个案观察记录表

观察对象		性别		年龄		日期	
特殊原因							
特殊护理	□隔离观察		□打针	□喂药		□生活护理	□其他
观察环节		观察指标				备注	
入园	情绪状态			体温	℃		
集体活动	情绪状态			参与情况			
用餐	情绪状态			用餐量			
午睡	情绪状态			午睡情况			
大便情况	次数			质量			
反馈与建议							

温馨提示:
1. 情绪状态:用"好"(愉快、积极);"中"(平和);"差"(情绪低落,沮丧或哭泣)填写。
2. 参与情况:用"积极""被动""消极"等填写。
3. 午睡情况:用"正常""入睡时间短""不能入睡"等填写。

表 2-15　幼儿常见的心理卫生问题观察记录表

观察时间		对象姓名	
观察地点			
幼儿典型行为描述：		原因分析：	
对策			

任务四　组织幼儿园保育活动

一、日常生活环节组织初体验

　　很多学生都会担心自己组织活动的时候幼儿会不理不睬，或是会乱作一团。如果在见习阶段与幼儿近距离接触的时候，注意与幼儿建立起信任关系，后面在组织生活环节的时候就更容易被幼儿所接受。在组织生活环节前，需要尽快记住班上幼儿的姓名、昵称和他们的特点，这是与幼儿建立信任关系的最佳策略。此外，还要尊重和接纳每一位幼儿，认可对方所处的发展水平，把幼儿的行为看成是其当时的最佳表现，并对幼儿的进一步发展持有坚定信念。

幼儿和教师间的信任关系是逐渐建立起来并且不断变化的。在信任的关系中,幼儿的表现会比较自主;反之,幼儿会有被控制感、害怕和恐惧的体验。教师在与幼儿建立信任关系的过程中占主导地位。积极的人际关系对幼儿的身心发展和学业成就都有影响,教师应努力建立积极回应的师幼关系,并进一步拓展,形成充满信任和关爱的班级氛围。

如何与幼儿建立信任关系

1. 投入时间

抓住一切机会有意识地表现出对幼儿的关注,并切实给予每名幼儿一定的时间和关注。当教师靠近一个孩子,轻轻地抚摸他/她的头,或者竖起大拇指夸他/她,或者跟他/她击掌时,这个孩子会体验到什么?感受到被尊重和爱的幼儿出现不良行为的概率较低。为此,幼儿园教师可以:

(1) 当家长接送幼儿的时候,要用眼神、微笑和一些欢迎的话语关注每一位家长和孩子,与他们互动。

(2) 让每名幼儿都感到他/她对教师有着特别的意义——"我在这里老师很高兴""我的微笑会让老师高兴一整天""老师昨天想我了"……

(3) 由衷地夸赞幼儿。

(4) 一定要在一整天的时间中,尽可能多地投入时间给幼儿,和他们一起欢呼,抚摸他们的肩膀,让他们知道教师在关注他们的努力和获得的成绩。

2. 让幼儿有归属感并知道自己的重要性

每个人都需要归属感并感受到自己是重要的。幼儿园教师可以请幼儿帮忙做力所能及的事情:

(1) "计时员"的任务是在一天之中为需要计时的活动记录开始和停止时间。

(2) "图书助手"的任务是帮助教师分发图书和拿较大的、较重的书。

(3) 设立"清洁员""迎宾员""图书修理员"等角色。

3. 给予爱

每个人都需要爱,每名幼儿都需要成人的爱和陪伴。幼儿园教师可以:

(1) 全身心投入。

(2) 与幼儿一起坐在地板上,真正融入他们的世界。

(3) 聚精会神地倾听幼儿讲话,不要打断他们。

(4) 耐心等待,让幼儿表达他们的想法。

(5) 安静地保持不动,抑制转换话题的冲动。

(6) 和幼儿约定暗号或进行亲昵的悄悄话互动。

(7) 经常告诉幼儿他/她对教师有多重要。

(8) 每天都保护和培养教师与幼儿之间已建立的关系。

充分的准备是与幼儿建立信任关系的前提，学生需要制订日常生活环节的活动计划（如表2-16所示），也可以使用幼儿园的活动计划。

表 2-16 日常生活环节的活动计划

年　　月　　日

活动名称		执教教师		活动反思：
活动目标				
重点、难点				
活动准备	幼儿已有经验： 活动材料：			
活动过程				

二、保育实践的反思

组织保育活动之后,学生可能会觉得有一些疲惫,很想好好放松一下。但这个时候还需要做一件非常重要的事情,那就是反思。对于教师的专业成长来说,有一个经典的公式:经验+反思=成长。要获得成长,关键在于要不断投身到幼儿教育实践中去,获得丰富的真实体验,更为重要的是要对这些经历和体验进行反思,以求不断重构自己的信念、知识、技能体系(如表2-17所示)。相对而言,投身实践是比较容易的事情,善于反思却并不容易。

表2-17 保育工作行为及反思

保育工作行为	指导事件摘要	反思(我为什么这样做,指导教师为什么要我那样做)
示例:午休起床后帮助幼儿穿衣	我看到几个幼儿在穿外套,我过去帮他们穿。指导教师对我说:"不要帮他们穿,要让他们自己学会穿。"对还不怎么会穿衣服的幼儿,指导教师用语言提示,并鼓励他们。虽然花费了一些时间,但他们仍然通过自己的努力穿上衣服了	虽然我知道"幼儿自己能做的事都让幼儿自己做"的教育理念,但在真实情境中还是会不自觉地去帮忙。指导教师的做法是为了培养幼儿的自理能力

在与幼儿的日常互动过程中,经常会发生一些意想不到的事情。对于幼儿园偶发的事件,可以采用"四步法"进行自我反思(如表2-18所示)。即"发生了什么"(了解清楚事情原委)、"为什么会发生"(事情的起因)、"这意味着什么"(可能带来的影响)和"未来怎样做"(改进措施)四步。希望学生养成勤于思考的好习惯。

表 2-18 "四步法"自我反思

1. 发生了什么?	
2. 为什么会发生?	
3. 这意味着什么?	
4. 未来怎样做?	

如何运用"四步法"进行反思

幼儿在听故事的时候,外面突然下起了雨,还伴着阵阵雷声和闪电。一名幼儿跳起来跑到窗边,有几名幼儿也跟着过去,有的幼儿坐在椅子上哭了起来。活动被突如其来的雷雨打乱了,为了能讲完故事,雨辰起身走到窗边把窗帘拉上,让幼儿都回到座位……事后雨辰不满意自己在该情境中的处理方式,用"四步法"进行以下反思。

1. 发生了什么?在我讲故事的时候外面下雨了,还伴有雷声和闪电。一名幼儿跳起来跑到窗边,还有几名幼儿也跟过去了,有一名幼儿哭了,其余的还在座位上。这时没有一个幼儿关注我讲的故事。而我为了讲完故事,起来走到窗边把窗帘拉上,让幼儿回到座位上。

2. 为什么会发生?我知道幼儿对事物天然具有好奇心,也知道雷电是很恐怖的。但我为什么觉得自己必须忽略幼儿的反应而继续讲故事呢?当我拉上窗帘,告诉幼儿安静地回到座位上时,就知道自己做错了。

3. 这意味着什么?我之所以要坚持完成活动,是因为当时指导教师在考察我。我担心自己会给指导教师留下无法控制班级幼儿的印象。当出现这种意料之外的事件时,我不知道怎么处理。

4. 未来怎样做?在未来的教学中我应该更多地关注幼儿的即时感受,注重随机教育,应该与幼儿谈谈闪电与雷,回答他们就此提出的问题;或者根据幼儿的兴趣,开发科学领域的探索活动;也可以谈谈恐惧。这些比讲完故事更重要。

三、保育见习的评价

(一)见习成绩总体评定标准(如表 2-19 所示)

表 2-19 见习成绩评定参考标准

等级	分值范围	标准
优秀	90分以上	1. 能遵守幼儿园的一切规章制度和见习学生守则,言行文明,举止优雅,体现师范生良好形象(20分) 2. 见习态度端正,尊师爱幼,工作认真负责,主动学习,虚心请教,努力做到理论联系实际,见习工作表现符合《幼儿园工作规程》《幼儿园教育指导纲要(试行)》《3-6岁儿童学习与发展指南》《幼儿园教师专业标准(试行)》等要求(20分) 3. 组织幼儿一日活动的能力强,有个人创造性,有协作意识和能力,工作成效突出(30分) 4. 见习日记、总结、自我鉴定等书面材料内容充实、条理分明,书写规范,有一定的理论归纳能力(30分)

续表

等级	分值范围	标准
良好	70—89分	1. 能遵守幼儿园的一切规章制度和见习生守则，言行文明（20分） 2. 见习态度端正，尊师爱幼，工作比较认真负责，见习工作表现基本符合《幼儿园工作规程》《幼儿园教育指导纲要（试行）》《3-6岁儿童学习与发展指南》《幼儿园教师专业标准（试行）》等要求（20分） 3. 组织幼儿一日活动的能力较强，能够服从分工，基本做到相互协作，工作成效较好（30分） 4. 见习日记、总结、自我鉴定等书面材料有内容、有条理，书写比较规范（30分）
及格	60—69分	1. 基本做到遵守幼儿园规章制度和见习生守则，言行文明（20分） 2. 基本做到见习态度端正，尊师爱幼，工作基本做到听从安排，见习表现没有明显违背《幼儿园工作规程》《幼儿园教育指导纲要（试行）》《3-6岁儿童学习与发展指南》《幼儿园教师专业标准（试行）》等要求（20分） 3. 基本能够按照要求完成组织幼儿一日活动的事项，工作成效一般（30分） 4. 见习日记、总结、自我鉴定等书面材料在班干、老师的催促下才能够提交（30分）
不及格	60分以下	1. 遵守纪律方面表现差，有明显、故意的违纪表现（20分） 2. 态度不端正，目无师长，不听告诫，有体罚和变相体罚幼儿的行为（20分） 3. 工作不认真，不能按要求组织幼儿一日活动，没有完成见习任务（30分） 4. 不交或少交相关书面材料，完成质量差（30分）

（二）见习成绩评定工作流程

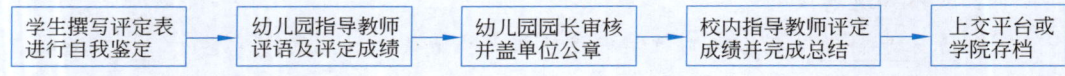

【思政育人】

党的二十大报告指出，教育是国之大计、党之大计。培养什么人、怎样培养人、为谁培养人是教育的根本问题。育人的根本在于立德。教师的言行举止都是幼儿模仿学习的榜样，希望学生要在加强品德修养上下功夫，踏踏实实修好自己的品德，成为有大爱、大德、大情怀的人，并将自己良好的品德和大爱、大德潜移默化地影响幼儿，对幼儿进行品德启蒙。

（三）见习成绩评定材料（如表2-20—表2-24所示）

表2-20 保育见习师德自评表

一级指标	二级指标	评价标准	评价等级									
			优秀		良好			合格			不合格	
			10	9	8	7	6	5	4	3	2	1
职业道德行为规范	见习态度	有为幼儿教育事业积极奉献的意识，能提前做好见习前的各项工作，全身心地投入到见习活动中去										
	组织纪律	严格履行幼儿园规章制度和时间安排，不做一切有碍见习工作的活动										
	仪容仪表	注意仪表，服装整洁；有为人师表的意识，举止端庄										

续表

一级指标	二级指标	评价标准	评价等级									
			优秀		良好			合格			不合格	
			10	9	8	7	6	5	4	3	2	1
职业道德行为规范	语言规范	讲普通话，语言文明规范										
	团结互助	服从安排，团结协作，用正面鼓励性的语言与他人沟通										
	尊重老师	服从管理，虚心接受检查，不评判幼儿园的领导和教师										
	热爱幼儿	热爱幼儿，注意幼儿安全；树立正确的教育观、儿童观，尊重幼儿；能帮助幼儿建立自信心										
	尊重家长	热情接待家长，经常沟通；协助班级老师采用多种方式做好家长工作										
	爱护公物	爱护书籍、教具等；妥善保管，按期归还，如有损坏，应负责赔偿										
总分	90 分		等级										

评语

注：能达到评价标准者等级为"优秀"；较好地达到评价标准者等级为"良好"；基本能达到评价标准者等级为"合格"；不能达到评价标准者等级为"不合格"。

表 2-21　保育工作见习自评表

一级指标	二级指标	评价标准	评价等级									
			优秀		良好			合格			不合格	
			10	9	8	7	6	5	4	3	2	1
保育工作见习	入园	做好入园前的准备工作；配合老师做好接待工作；指导并帮助幼儿穿脱及放置衣服、鞋帽等										
	盥洗	做好盥洗前的准备工作；盥洗时给予幼儿适当的指导和帮助；提醒幼儿注意安全										
	进餐	准备餐具和漱口水；培养幼儿良好的用餐习惯；做好餐后的整理工作										
	睡眠	为幼儿创造安静、舒适的睡眠环境；指导幼儿正确地穿脱衣服；随时巡察幼儿睡眠										
	户外活动	保证幼儿活动的安全；对体弱的幼儿要进行个别照顾；防止发生意外事故；做好安全防护工作										
	协助教学	提前熟悉教师教育活动计划，协助做好教学前的各项准备工作；协助组织幼儿；指导幼儿正确安全地使用教具；活动结束后，收拾好物品										

续表

一级 指标	二级 指标	评价标准	评价等级									
			优秀			良好			合格			不合格
			10	9	8	7	6	5	4	3	2	1
保育 工作 见习	清洁 消毒	做好室内清洁卫生和物品的消毒工作；做好幼儿的疾病预防工作										
	离园	指导和帮助幼儿整理好个人物品；亲手把幼儿交给家长；做好幼儿离园后的检查工作										
	总分	80 分	等级									
评语												

注：能达到评价标准者等级为"优秀"；较好地达到评价标准者等级为"良好"；基本能达到评价标准者等级为"合格"；不能达到评价标准者等级为"不合格"。

表 2-22　保育见习师德教师评定表

一级 指标	二级 指标	评价标准	评价等级									
			优秀			良好			合格			不合格
			10	9	8	7	6	5	4	3	2	1
职业 道德 行为 规范	见习 态度	有为幼儿教育事业积极奉献的意识，能提前做好实习前的各项工作，全身心地投入到见习活动中去										
	组织 纪律	严格履行幼儿园规章制度和时间安排，不做一切有碍见习工作的活动										
	仪容 仪表	注意仪表，服装整洁；有为人师表的意识，举止端庄										
	语言 规范	讲普通话，语言文明规范										
	团结 互助	服从安排，团结协作，用正面鼓励性的语言与他人沟通										
	尊重 老师	服从管理，虚心接受检查，不评判幼儿园的领导和教师										
	热爱 幼儿	热爱幼儿，注意幼儿安全；树立正确的教育观、儿童观，尊重幼儿；能帮助幼儿建立自信心										
	尊重 家长	热情接待家长，经常沟通；协助原班教师采用多种方式做好家长工作										
	爱护 公物	爱护书籍、教具等；妥善保管，按期归还，如有损坏，需负责赔偿										
	总分	90 分	等级									
评语												

注：能达到评价标准者等级为"优秀"；较好地达到评价标准者等级为"良好"；基本能达到评价标准者等级为"合格"；不能达到评价标准者等级为"不合格"。

表 2-23 保育工作见习教师评定表

一级指标	二级指标	评价标准	评价等级									
			优秀		良好			合格			不合格	
			10	9	8	7	6	5	4	3	2	1
保育工作见习	入园	做好入园前的准备工作；配合老师做好接待工作；指导并帮助幼儿穿脱及放置衣服、鞋帽等										
	盥洗	做好盥洗前的准备工作；盥洗时给予幼儿适当的指导和帮助；提醒幼儿注意安全										
	进餐	准备餐具和漱口水；培养幼儿良好的用餐习惯；做好餐后的整理工作										
	睡眠	为幼儿创造安静、舒适的睡眠环境；指导幼儿正确地穿脱衣服；随时巡察幼儿睡眠状况										
	户外活动	保证幼儿活动的安全；对体弱的幼儿要进行个别照顾；防止发生意外事故；做好安全防护工作										
	协助教学	提前熟悉教师教育活动计划，协助做好教学前的各项准备工作；协助组织幼儿；指导幼儿正确安全地使用教具；活动结束后，收拾好物品										
	清洁消毒	做好室内清洁卫生和物品的消毒工作；做好幼儿的疾病预防工作										
	离园	指导和帮助幼儿整理好个人物品；亲手把幼儿交给家长；做好幼儿离园后的检查工作										
总分	80 分		等级										
评语													

注：能达到评价标准者等级为"优秀"；较好地达到评价标准者等级为"良好"；基本能达到评价标准者等级为"合格"；不能达到评价标准者等级为"不合格"。

表 2-24 见习成绩评定表

姓名		专业		年级		班别		学号	
见习地点										
见习时间										
见习类型										
学生自我鉴定	（1.遵守纪律、文明言行、见习态度等表现；2.完成见习内容与要求的情况；3.完成见习项目情况；4.见习的主要收获，如感想、启发、进步等） 签名：　　　　　　　年　　月　　日								

续表

见习单位指导老师评语	（综合考察学生完成见习内容与要求的情况，参照"见习成绩评定参考标准"，给予小结评价指导，并评定成绩分数） 见习成绩（分数）： 指导老师签名： 见习单位盖章： 　　　　　　　　　　　　　　年　　月　　日
学校指导老师评语	（综合考察学生完成见习内容与要求的情况、结合学生完成见习作业的情况，参照"见习成绩评定参考标准"，对学生给予小结评价指导，并评定成绩分数） 见习成绩（分数）： 学校老师签名： 　　　　　　　　　　　　　　年　　月　　日
见习考核结果（分数及等级）	分数： 等级： 学院签字： 学院盖章： 　　　　　　　　　　　　　　年　　月　　日

【能力拓展】

拓展资源 2-4 幼儿园一日生活制度

拓展资源 2-5 区域游戏中的保育

【随手记录】

项目三

学会观察幼儿的行为

项目三　学会观察幼儿的行为

【学习目标】

（一）深刻领会观察幼儿行为的重要性，有观察的意识。

（二）全面了解和熟悉幼儿一日生活各个环节中的观察要点。

（三）掌握各类观察方法的适用情境和使用方法，在具体情境中能选取适宜的方法，并实施观察。

（四）能客观记录幼儿的行为，结合《3-6岁儿童学习与发展指南》与儿童发展理论对幼儿的行为进行分析与评价，制订下一步的指导策略草案，撰写观察报告。

【实践内容与要求】

（一）幼儿区域游戏观察

要求：观察记录幼儿的区域游戏，分析幼儿的行为，提出指导策略，并撰写观察报告。

（二）对一名幼儿进行全面观察与评价

要求：个人独立或两人一组观察一名幼儿，对该幼儿至少三个领域进行全面观察，撰写综合报告。

（三）幼儿挑战性行为的观察与指导

要求：记录一个幼儿挑战性行为（反复发生，让成人感到困扰的问题）的案例，进行分析，并提出解决策略。

【实践安排】

建议安排在大一年级第二学期、大二年级第一学期以及大二年级第二学期开展，每次实习时间1—2周，结合课程"学前心理学""学前卫生与保健""幼儿游戏"及保育实习开展，理论与实践交叉进行，层层递进学习观察幼儿的行为。

【职业素养】

（一）通过观察幼儿的行为增进对幼儿的了解，树立尊重幼儿、热爱幼儿的信念。

（二）通过科学观察、深入理解幼儿的行为，认识到幼儿园教师工作的专业性，增强职业素养和职业认同感。

（三）在观察的过程中不断反思，有目的地收集资料，解决实际中的问题，养成善于反思、主动解决问题的习惯。

【行为观察实习计划】（如表 3-1 所示）

表 3-1　学生行为观察实习计划表

实习生姓名		班级		学校指导教师	
实习幼儿园					
实习班级		幼儿园指导教师		实习时间	
本次实习要达到的目标					
学校目标			个人目标		

续表

本次行为观察实习要完成的主要任务
要完成的具体内容
完成每项内容的具体方法

幼儿园指导教师签字：　　　　　　　　　　　　　　　　　　　　年　　月　　日

任务一　掌握幼儿行为观察的一般步骤

观察幼儿的行为是了解幼儿的最佳手段，通过观察，可以了解幼儿各个方面的发展水平、个性品质、兴趣和需要，为下一步支持幼儿发展提供依据。专业的观察一般包括准备观察、实施观察、分析幼儿的行为与指导幼儿的行为四个步骤。

一、准备观察

（一）明确观察目的

观察目的是指要观察什么，也就是观察的意图。有目的的观察能让教师的观察更加聚焦，提升观察效率，避免遗漏重要的信息。

观察目的的选取可以从以下几个角度考虑：

1. 幼儿各个年龄段、各个领域的关键经验。可以参考《3-6 岁儿童学习与发展指南》中的发展目标与典型表现。

2. 幼儿的兴趣、动机、需求、情绪体验。

3. 幼儿当前面临的挑战、反复出现的行为，或班级目前出现的主要问题。比如某个幼儿不爱说话，班级近期告状行为较多等。

4. 幼儿一日活动中的重要环节，如进餐活动、游戏活动等。

5. 根据已有的观察记录进行进一步的观察。

拓展资源 3-1
如何确立观察目的

（二）选择观察对象

观察对象的选择应基于观察目的，可以是一名幼儿、多名幼儿、全体幼儿或者特定幼儿，也可以是随机选取的幼儿。在一个学期内，需要关注到每个幼儿各个领域的发展。

（三）选择观察记录方法

观察记录的方法根据不同维度，有不同的分类方式。按照结构化程度可以分为非结构性观察和结构性观察；按照记录的连续性可以分为描述法、取样法以及评定法；按照记录方式的差异，可以分为文字描述、符号记录、图式法；按照观察者的参与性，可以分为参与性观察、非参与性观察、半参与性观察；按照观察者是否在场，可以分为直接观察与间接观察。每种观察记录方法有各自的适用情境以及优缺点，可以根据观察目的以及观察条件选择适宜的方法。常用的观察记录方法及特点如表 3-2 所示。

表 3-2 常用的观察记录方法及特点

观察方法		定 义	适用情境	优 缺 点
非结构性观察	日记法	运用日记的形式，对儿童的行为进行观察和记录的方法	适用于与幼儿亲近的人、需要持续记录的内容	优点：可以记录行为的发展变化，具有持续性与深入性 不足：费时费力，样本量少，仅适用于与儿童最亲近的人
	轶事记录法	观察者将自己感兴趣的，并且认为是有价值的、有意义的儿童行为和反应，以及可表现学前儿童个性的行为事件，用叙述的语言随时记录下来，以用来分析儿童的行为	典型的行为、较少出现的行为	优点：简单、方便、灵活；内容具体完整 不足：容易受主观偏见影响；记录较为费时
	实况详录法	观察者在一段时间内连续不断地、尽可能地记录被观察对象所有的行为动作表现，然后进行分析的一种方法	需要深入开展研究、分析的行为	优点：记录完整翔实，可以永久保留，资料用途广泛 不足：耗时、费力；资料处理烦琐
结构性观察	时间取样法	观察者在预先确定的时间间隔内观察目标行为，并记录目标行为是否发生、发生的频率及持续时间等信息，借以了解行为模式的一种方法	频繁出现，且外显、可测量的行为	优点：搜集资料效率高；观察结果较为客观且便于统计分析 不足：不适用于观察频次低以及内隐的行为，无法获得完整的行为信息
	事件取样法	观察者事前根据观察目的选择特定事件，记录事件发生的前因后果，将此作为分析推论的依据	幼儿反复出现、需要深入分析的行为	优点：观察目标聚焦，搜集资料效率高；信息完整，可以深入分析幼儿的行为模式及原因 不足：不适用于发生频次低的行为
	检核法	观察者依据一定的观察目的、事先拟定所需要观察的项目，并将它们排列成清单式的表格，然后通过观察，根据检核表内容逐一检视幼儿行为出现与否的观察与记录方法	观察目的明确，行为具体可测	优点：简单、高效；应用广泛；便于量化处理 不足：无法获得完整的行为信息；检核表的编制与选择具有难度
	等级评定法	观察者在对幼儿进行多次观察后，对其行为表现所达到的水平进行评定，并对其行为质量的高低进行量化判断的一种方法	观察目的明确，行为具体可测	优点：简单、高效；应用广泛；观察结果便于量化处理，发现幼儿的发展变化 不足：无法获得完整的行为信息；等级评定表的编制与选择具有难度；等级评定法以及结果容易被错误运用

（四）确定观察时间和场景

"一日活动皆课程"，幼儿在园的每时每刻，各个场景都值得观察。观察时间和场景的选择与观察目的相关，应选择可能发生目标行为的情境。观察时间包括什么时候观察以及观察的次数，观察时间不宜过短或次数过少，否则得出的结论会存在较大偶然性。对于部分行为还需进行长时间的追踪观察。

拓展资源 3-2
准备观察工具

（五）准备观察工具

"工欲善其事，必先利其器"，观察前需要根据观察计划做好所需的物质准备，避免在实际观察时因为某些器材或工具准备不到位而导致观察中断或遗漏信息。常用的观察工具包括记录纸或观察表、不同颜色的记录笔、计时工具、手机或录音笔等现代记录工具。观察计划方案如表 3-3 所示。

拓展资源 3-3
制订观察计划

表 3-3 观察计划方案

观察者				观察时间	
活动环节				观察地点	
观察对象	姓名（代号）	月龄（出生年月）	性别	其他信息（如特殊的日常表现、健康状况等）	
观察目的					
观察者角色	□ 与观察对象全程互动 □ 以旁观为主，需要时参与 □ 完全旁观，全程不参与				
观察记录方法					
观察工具					

二、实施观察

制订好观察方案后，需要按照计划进行实际的观察，并进行记录。在观察的过程中，应注意以下要求。

（一）记录内容客观、完整

观察记录的内容包括：观察时间与情境、观察对象的基本信息、观察目的、事件的起因、经过和结果等。观察记录应客观，区分客观事实与主观判断。记录内容完整，且保留重要细节。

（二）运用多种记录方式及时记录

在记录时尽量进行现场记录，事后补记也应及时。同时，充分利用便利贴、提前设计好的记录表、手机、相机等现代记录设备以提高记录效率。

（三）尽量不干预被观察者的活动

在观察的过程中不要主动与幼儿攀谈，或者过度介入幼儿活动。若幼儿表示好奇，则简单回应，比如"我在把小朋友做的事情记录下来"。

（四）注重观察伦理

伦理道德是观察中不可忽视的因素，需要注意以下两个方面。

1. 在观察前需要征得家长和老师的同意，询问是否可以拍摄视频或照片，是否需要签订协议。

2. 对记录内容进行保密，在观察记录中用代号表示幼儿的姓名，不可将记录内容公开讨论。

三、分析幼儿的行为

分析是对观察记录的现象进行解释的过程，通过幼儿的外在行为表现理解幼儿的内在需求、动机、发展水平以及影响该行为的因素等。在分析幼儿的行为时，应遵循以下原则。

（一）立足儿童视角，换位思考

教师在对幼儿的行为进行分析时常常会习惯性地以成人的思维去解读幼儿的行为。实际上，幼儿在身心发展以及生活经验等方面与成人均存在许多差异，若以"大人之心，度小孩之腹"，会对幼儿产生误解。教师在解读幼儿的行为时，需要立足于儿童已有的发展水平、年龄特点，站在幼儿的视角去理解幼儿的行为。

（二）尊重原始资料，客观分析

在分析幼儿的行为时，分析者需要仔细阅读已经收集的资料，依据原始的记录资料，进行客观分析，而非带着主观感受直接给幼儿的行为下结论。

（三）充分运用理论，深度剖析

《3-6岁儿童学习与发展指南》按照领域和年龄详细地罗列了该年龄段幼儿的发展特点以及学习目标，幼儿游戏理论、教育心理学以及其他儿童发展理论都从多个视角对幼儿的身心发展特点进行了解释。在面对个别幼儿的行为时，需要借助已有的理论帮助自己多视角地解读幼儿的行为，以对幼儿的行为有深入的理解，做出更加准确的判断。

（四）基于多次观察，慎下结论

分析解读往往具有主观推测的成分，幼儿的行为也会存在偶然性，为避免判断过于武断，需要经过多次观察，并且回顾幼儿之前的行为，总结幼儿的行为模式。同时，也要与家长取得联系，了解幼儿在家中的行为，通过多元观察者的方式提升观察结果的可靠性。

四、指导幼儿的行为

在对幼儿的行为进行观察、分析之后,需要对幼儿的行为进行支持。很多时候,教师在观察过后便会当场作出回应,而有时教师会依据观察结果,制订计划,在接下来的活动中,通过个别交流、环境创设、游戏、集体教学等多种方式支持幼儿的学习。

【实践育人】

中国教育学会名誉会长、北师大资深教授顾明远先生说过:"社会职业有一条铁的规律,即只有专业化才有社会地位,才能受到社会的尊重。如果一种职业是人人可以担任的,则在社会上是没有地位的。"幼儿教师的专业性应该体现在教师对孩子的了解上。幼儿教师的画也许只能自己欣赏,但是却能为孩子创设丰富的材料,引导孩子有创意的表现;幼儿教师的琴也许只能自娱自乐,但是却能为孩子弹奏出欢快的曲调,让孩子感受音乐旋律的美妙。专业技能只是让教师拥有更多与孩子共同探索世界、感受世界的能力。当一个老师能听懂孩子的话,读懂孩子的表情,猜透孩子的心思,欣赏孩子的表现时,他/她就是一个真正的专业者。

任务二 观察分析幼儿的游戏活动

区域活动是指幼儿在自行创设或教师创设的区域环境中进行的自主活动,是幼儿园一日活动环节中的重要组成部分,也是幼儿最喜欢的活动形式之一。在区域活动中对幼儿的行为进行观察,能了解幼儿学习与发展的真实状况,并为下一步调整活动环境、有效支持幼儿的行为提供依据。幼儿园的室内区域种类与数量受到幼儿的兴趣、发展水平以及教室空间大小等影响不尽相同,常设区域有角色区、建构区、表演区、益智区、图书区以及美工区。

一、区域游戏活动的观察与分析要点

(一)角色游戏的观察与分析要点

角色游戏是幼儿通过扮演角色,模仿、想象,创造性地反映现实生活的一种游戏。在观察幼儿游戏时,需围绕观察目的,聚焦幼儿在角色游戏中的关键行为。同时,由于外界环境对幼儿的行为有重要影响,因此在观察幼儿行为的同时也需要观察周围的环境,主要包括空间、材料等物理环境,以及教师的指导等社会环境。角色游戏的观察与分析要点如表3-4所示。

表3-4 角色游戏的观察与分析要点

	观察与分析要点	行为表现列举
对幼儿行为的观察	游戏体验	1.是否愉悦? 2.是否投入?
	游戏主题与情节	1.游戏主题是什么? 2.如何确定游戏主题:听从老师的建议、模仿同伴还是自主确立? 3.情节是否丰富、新颖?

续表

	观察与分析要点	行为表现列举
对幼儿行为的观察	游戏的计划性与持续性	1. 游戏是否具有计划性？ 2. 游戏持续时间 3. 游戏主题是持续的还是间断的？
	角色意识	1. 扮演什么角色？ 2. 如何确定角色？ 3. 角色意识是否明确？
	社会交往	1. 社会互动类型：独自游戏、平行游戏、联合游戏、合作游戏 2. 组织能力：在团体中的角色是主动领导者还是跟随者？ 3. 如何应对冲突？
	语言沟通	1. 语言共同频率 2. 游戏性语言与交际性语言的使用
	材料使用	1. 物品选取：选用逼真的物品、使用相似物还是可以自制物品？
对环境的观察	物理环境	1. 游戏时间：在什么时候游戏？游戏时间多久？是否充足？ 2. 游戏空间：在哪里游戏？多大的场地？空间密度如何？是否安全？ 3. 游戏材料：材料数量、材料种类、材料的结构性、材料的难度如何？
	社会环境	1. 教师的介入时机和角色是什么？ 2. 教师介入的效果如何？ 3. 如何组织游戏总结与评价？

（二）建构游戏的观察与分析要点

一般也称结构游戏，是指幼儿利用各种建构材料或玩具构造物体形象的一种游戏活动。在观察和分析幼儿的建构游戏时，需围绕观察目的，聚焦于幼儿在建构游戏中的关键行为与发展。同时，需关注观察环境因素对幼儿行为的影响，主要包括物理环境和社会环境。建构游戏的观察与分析要点如表 3-5 所示。

表 3-5　建构游戏的观察与分析要点

	观察与分析要点	行为表现列举
对幼儿行为的观察	游戏体验	1. 是否愉悦？ 2. 是否投入？
	建构主题	1. 建构主题是什么？ 2. 如何确定建构主题？
	游戏的计划性与持续性	1. 建构是否具有计划性？ 2. 建构游戏持续时间
	建构技能	1. 建构水平与技能：平铺、堆高、架桥、围合、对称 2. 造型的复杂度与新颖度
	社会交往	1. 社会互动类型：独自游戏、平行游戏、联合游戏、合作游戏 2. 组织能力：在团体中的角色是主动领导者还是跟随者？ 3. 如何应对冲突？
	材料使用	1. 选择了什么材料？ 2. 是否会使用材料？

续表

观察与分析要点		行为表现列举
对环境的观察	物理环境	1. 游戏时间：在什么时候游戏？游戏时间多久？是否充足？ 2. 游戏空间：在哪里游戏？多大的场地？空间密度如何？是否安全？ 3. 游戏材料：材料数量、材料种类、材料的结构性、材料的层次性
	社会环境	1. 教师的介入时机和角色是什么？ 2. 教师介入的效果如何？ 3. 如何组织游戏总结与评价？

（三）表演游戏的观察与分析要点

表演游戏是幼儿通过扮演文艺作品中的角色来再现文艺作品的内容、表达对于文艺作品的理解和情感体验的游戏活动。在对幼儿的表演游戏进行观察与分析时，一方面需要对幼儿的游戏行为进行观察，另一方面要对游戏环境进行观察。表演游戏的观察与分析要点如表 3-6 所示。

表 3-6　表演游戏的观察与分析要点

观察与分析要点		行为表现列举
对幼儿行为的观察	游戏体验	1. 是否愉悦？ 2. 是否投入？
	作品选择	1. 作品来源于既有文学作品，还是经过自己的理解和创编？ 2. 作品选择中的表现：听从老师指令、模仿他人还是独立或同伴商定？
	角色分配与理解	1. 角色分配：同伴之间如何分配角色？ 2. 角色理解：是否理解自己所扮演的角色？ 3. 角色意识：是否能在游戏中持续扮演自己需要扮演的角色？
	表演能力	1. 角色表演：是否能用与角色一致的装扮、语言、动作来表现角色？ 2. 表演状态：是日常互动方式，还是夸张的方式？
	社会交往	1. 社会互动类型：独自游戏、平行游戏、联合游戏、合作游戏 2. 组织能力：在团体中的角色是主动领导者还是跟随者？ 3. 如何应对冲突？
	道具使用	1. 使用了什么道具？是否与故事脚本相匹配？ 2. 道具来源：老师制作、幼儿自主寻找相似物还是幼儿自制？ 3. 能否创造性地使用道具，用已有材料代替没有的材料？
对环境的观察	物理环境	1. 游戏时间：在什么时候游戏？游戏时间多久？是否充足？ 2. 游戏空间：在哪里游戏？多大的场地？空间密度如何？是否安全？ 3. 游戏材料：材料数量、材料种类、材料的结构性、材料的层次性
	社会环境	1. 教师如何帮助幼儿选择脚本？ 2. 教师的介入时机和角色是什么？ 3. 教师介入的效果如何？ 4. 如何组织游戏总结与评价？

（四）益智游戏的观察与分析要点

益智游戏是指根据一定智育任务设计的，以生动有趣的游戏形式使学前儿童在自愿、愉快的活动中增进知识、发展智力的一种有规则的游戏，如拼图游戏、棋类游戏、"猜猜我是谁"等。不同的智力游戏有不同的规则，对于幼儿的发展价值也不同。在观察幼儿的益智类游戏时，需要针对不同游戏类型有重点地进行观察（如表 3-7 所示）。

表 3-7　益智游戏的观察与分析要点

	观察与分析要点	行为表现列举
对幼儿行为的观察	游戏体验与学习品质	1. 对游戏的兴趣 2. 游戏的参与度 3. 游戏的持续时间
	游戏选择	1. 是否自主选择？ 2. 选择了什么类型的游戏？
	游戏技能与认知发展（根据具体游戏内容关注不同领域）	1. 数学认知：数与量、空间、逻辑思维等 2. 科学探索：好奇心、解决问题的方式、科学经验等 3. 观察能力 4. 精细动作的发展
	规则意识	1. 是否理解游戏规则？ 2. 是否能遵守游戏规则？
	社会交往	1. 社会互动类型：独自游戏、平行游戏、联合游戏、合作游戏 2. 如何应对冲突？
对环境的观察	物理环境	1. 游戏时间：在什么时候游戏？游戏时间多久？是否充足？ 2. 游戏空间：在哪里游戏？多大的场地？空间密度如何？ 3. 游戏材料：游戏材料是否丰富，是否可以满足不同幼儿的兴趣；游戏材料难度是否适宜，是否可以满足不同幼儿的发展水平？
	社会环境	1. 教师的介入时机和角色是什么？ 2. 教师介入的效果如何？ 3. 如何组织游戏总结与评价？

（五）图书区的观察与分析要点

图书区是根据幼儿自身兴趣和发展需要而建立的，可供幼儿自主选择阅读活动内容、形式、交流方式的早期阅读区域。阅读区是幼儿园语言活动的重要组成部分，同时也能促进幼儿认知、社会性等多个方面的发展。观察幼儿在阅读区的活动时，不仅要关注幼儿的阅读兴趣、阅读理解、语言表达等方面的能力，也要关注阅读区的环境，以及教师的指导对于幼儿行为的影响观察与分析要求（如表 3-8 所示）。

表 3-8　图书区的观察与分析要点

	观察与分析要点	行为表现列举
对幼儿行为的观察	读写兴趣	1. 是否主动选择该区域？是否经常翻阅图书？ 2. 是否主动与同伴或老师交流自己的阅读内容，并用语言、动作等方式表达？ 3. 是否喜欢在图书区写写画画？ 4. 是否对符号、文字感兴趣？

续表

观察与分析要点		行为表现列举
对幼儿行为的观察	阅读理解能力	1. 是否能根据画面提供的信息理解故事大致情节？ 2. 是否能随着作品的展开产生喜悦、担忧等相应的情绪反应，体会作品所表达的情绪情感？ 3. 是否能根据故事的部分情节或图书画面的线索猜想故事情节的发展，或续编、创编故事？ 4. 是否能对看过的图书、听过的故事说出自己的看法？
	读写习惯	1. 是否能爱护图书、轻拿轻放，不随便涂画？ 2. 是否安静阅读，与他人交流时小声说话，不干扰别人？ 3. 阅读、写画时坐姿是否端正？ 4. 是否能够按顺序阅读，一页一页翻书？
	语言表达能力	1. 语音：是否吐字清晰、发音正确？是否会使用普通话？ 2. 词汇量：词汇量是否能满足个人表达需求？词汇量是否丰富多样？ 3. 句子：句子结构是否完整？是否采用了复杂句、疑问句？是否能说出所阅读的幼儿文学作品的主要内容？
对环境的观察	物理环境	1. 阅读时间：在哪些时候幼儿可以进入阅读区进行读写活动？ 2. 活动空间：是否宽敞明亮？是否安静舒适？ 3. 阅读材料：图书数量是否适宜？图书类型是否符合幼儿的年龄特点与兴趣？图书的摆放是否方便幼儿取放？
	社会环境	1. 教师的介入时机和角色是什么？ 2. 教师介入的效果如何？ 3. 如何组织分享与评价环节？

（六）美工区的观察与分析要点

美工区是一个能让幼儿自主欣赏和进行美术创作的活动区域。幼儿在美工区通过绘画、手工等方式表达自己对周围世界的认识和情绪态度。美工区的活动是幼儿园美术教育中的重要组成部分，同时也可以促进幼儿精细动作、同伴合作、创造性等各个方面的发展。在幼儿进行美工活动时，可以从以下方面进行观察（如表 3-9 所示）。

表 3-9 美工区的观察与分析要点

观察与分析要点		行为表现列举
对幼儿行为的观察	艺术欣赏与表达的兴趣	1. 是否主动选择该区域？ 2. 是否经常用绘画、捏泥、手工制作等多种方式表现自己的所见所想？ 3. 是否喜欢欣赏、探索美工区的作品和材料？ 4. 是否喜欢和他人交流喜欢的作品？
	艺术表现和创造力	1. 艺术构思：是否会构思创作内容，边做边构思，还是事先构思？ 2. 艺术表达方式：线条、色彩、泥塑、折叠、粘贴等。 3. 创造性：是模仿老师或其他幼儿的作品、重复之前的作品、重新组织以前的样式还是进行别出心裁地创造？

续表

	观察与分析要点	行为表现列举
对幼儿行为的观察	材料使用	1. 选用什么材料？ 2. 是否会使用工具？工具操作是否熟练？
	自我感受与评价	1. 对自己的作品以及创作是否满意？ 2. 是否愿意与他人交流自己的作品？
	习惯方面	1. 使用工具是否用时取出、用完放回？ 2. 使用结束是否能进行整理或清洁？
对环境的观察	物理环境	1. 活动时间：在哪些时候幼儿可以进入该区域？时间是否充足？ 2. 活动空间：空间是否充足？是否具有艺术美感？ 3. 活动材料：材料投放是否丰富？使用频率如何，是否具有层次性？是否方便幼儿拿取？
	社会环境	1. 教师的介入时机和角色是什么？是否尊重幼儿的自主创造？ 2. 教师介入的效果如何？ 3. 教师如何组织分享与评价环节？是否注重个体差异？

二、户外自主游戏的观察与分析要点

幼儿的基本动作可以分为走、跑、跳、钻爬、平衡、投掷、攀登，户外运动游戏根据所涉及的运动技能不同，其主要的观察要点如表 3-10 所示。

表 3-10　户外运动游戏的观察与分析要点

基本动作	小班	中班	大班
走	上体正直，自然协调地走；向指定方向持物或拖物走；在指定范围内四散走，互相不碰撞；能走 1000 米；能一个跟着一个沿圆圈走，不掉队；学会几种简单的模仿走；在简单的障碍物中走	能上下肢协调走、步调放开、均匀，摇臂自然协调，姿态端正；能听信号有节奏地走、变速走或者改变方向走；能走跑交替，有不甘落后的争先意识并掌握若干种走步方法	能学习听信号变速、变方向走，步伐一致；能轻松自如地绕障碍曲线走；排队走时能较好地一对一保持队形，节奏一致，掌握更多的走步方法；能独立想出新的走步方法；能进行长距离远足活动
跑	能迈开步子平稳地跑，双臂自然摆动；能听信号向指定方向跑；能沿着规定路线跑；能向指定方向持物跑；能连续跑半分钟；能在指定范围内四散追逐跑；会走跑交替，能在成人的引导下调节跑的速度	能有节奏地上下肢协调跑，落地较轻，懂得省力平衡跑的粗浅知识；能控制自己的身体，会绕障碍物跑；能快跑和在一定范围内四散追逐跑；能走、跑交替（或慢跑）；能远足和一路纵队跑	能听信号变速跑或躲闪跑，跑步时摆臂正确而放松，蹬地有力、落地较轻；懂得一些提高跑速和调节跑速的方法，掌握多种跑步方法，能独立想出新的跑步方法（持物跑、后退跑、往返跑等）；有强烈的提高跑速的愿望，喜欢进行竞赛跑；能绕复杂障碍走、跑交替 300 米左右

续表

基本动作	小班	中班	大班
跳	初步掌握简单的跳跃动作（向前跳、向上跳）；能双脚同时用力蹬地起跳，动作连贯有节奏；能从25—30厘米高处跳下；能轻松自然地双脚向前行进跳、纵跳；初步掌握跨跳动作，能跨跳过一定距离；体验跳跃的乐趣	懂得跳跃时屈膝，前脚掌蹬地跳起，落地轻并主动屈膝缓冲；能较熟练地掌握助跑跨跳动作，落地时能不停顿向前缓冲；能熟练掌握单脚连续跳，动作连贯，节奏清楚；会立定跳远，能双脚熟练地向前跳或在直线两侧行进跳；能原地蹬地起跳，用手触物；能从30—35厘米高处自然跳下，落地轻；能助跑跨跳过平行线，跳距不少于40厘米；能双脚交替跳和短距离单足连续向前跳	能熟练掌握跳跃动作，从较高处向下跳，起跳有力、落地轻稳、姿态优美；学习侧跳和向不同方向变换跳等多种跳跃方式；具有强烈的提高跳跃距离或跳跃高度的愿望；会跳短绳并尝试练习合作跳长绳
钻爬	能正面钻过障碍物，做到低头、弯腰紧缩身体；熟练掌握手膝着地爬的基本动作，有一定速度并能较好地控制方向；掌握多种爬法，动作灵活、协调；能钻爬过较低的障碍物，身体不碰到物体	掌握正面钻的动作，学习侧面钻的动作；能钻爬过较长的障碍物；完善手膝着地爬的动作，熟练掌握手膝着地爬的动作；能灵活地调节爬的速度和方向；学会在垫子上团身滚	能改进已掌握的钻爬动作，速度快而灵活；熟练掌握侧面钻、曲身钻、肘膝着地爬等有难度的动作；能有序地钻爬过障碍物
平衡	能在简单、固定的平行线上或窄道中行进，保持身体平稳不摇晃；发展前庭器官功能，提高平衡能力	能大胆地在平衡木上活动，掌握原地旋转、闭目站立等动作；能大胆地在平衡木上走、闭目向前走；原地自转至少三圈不跌倒	能熟练、平稳地走过较窄、较高、较长的平衡木；掌握闭目起蹲自转，能单足站立一定时间；能变换手臂动作走平衡木，掌握各种平衡动作；能在有间隔的物体上行走
投掷	有将物体投远的愿望，能自然地向前方或远处挥臂投掷各种物体；双手能向上、向前、向后抛球，体验投掷活动的乐趣；初步建立全身用力的意识，能向指定方向投掷并投有一定的距离	掌握单手肩上投远动作，注意上下肢协调用力，挥臂速度快，能击中较大的目标；能肩上挥臂投掷小沙包、纸镖等轻物，懂得物体轻重与投掷远近之间的关系	有投远投准的愿望，注意全身协调用力，挥臂快速，控制投掷方向；能准确掌握投掷动作，投准目标，提高手眼协调能力
攀登	能在成人的引导和鼓励下积极参加攀登活动；喜欢和同伴一起玩，能攀登低障碍物	能手脚交替灵活地攀登各种设施；在活动中能遵守规则，不影响他人	能攀上各类攀登设备，大胆地玩大型活动器械；能熟练协调地在攀登架上爬上爬下

三、幼儿游戏活动的观察记录方法

（一）常见的游戏活动观察方法

区域活动中蕴含着诸多观察价值，教师在组织活动之前需要明确观察目的、观察对象、大致的观察要点，并选择适宜的观察方法。常见的游戏观察方法有三种，包括扫描观察法、定点观察法和追踪观察法，三种方法的含义以及适用范围如表3-11所示。

表3-11 常见的游戏观察方法

名　称	使　用　方　法	适　用　情　境
扫描观察法	对全班幼儿进行轮流扫描观察	一般在游戏开始和结束的时候使用较多，适合了解全体幼儿的游戏情况
定点观察法	即定点不定人法，观察者固定在游戏中的某一地点进行观察	一般在游戏的过程中使用该方法，可以获得该主题或区域内幼儿游戏的具体情况，如幼儿的交往情况、游戏情节的发展、使用材料的情况等
追踪观察法	即定人不定点法，观察者事先确定某个观察对象，观察、记录该幼儿游戏全过程	适用于对某个幼儿游戏活动全方位的了解，获得详细的信息。在该方法中，可以采用图示的方式对幼儿的行动轨迹进行记录

（二）常见的游戏活动记录方式

根据不同的观察目的以及观察条件，教师可以选择不同的记录方式。如当教师想要了解幼儿在某类活动中的大致表现，可以使用上文中的观察要点检核表或等级评定表，采用勾选的方式进行记录，幼儿角色游戏检核表如表3-12所示。如果想要对某个幼儿或某组幼儿游戏行为的具体过程进行记录，并深入分析，可以采用轶事记录、实况详录的方式，也可以将检核法与轶事记录法相结合。如果想要对幼儿经常发生的行为进行深入研究，寻找幼儿的行为模式，如幼儿在游戏中的冲突行为，可以采用事件取样法。在记录的过程中，可以采用文字记录、拍照、视频等多种方式。

表3-12 幼儿角色游戏检核表

观察维度	二级维度	三级维度
游戏主题和情节	什么游戏主题	□ 反映了幼儿的什么兴趣和经验
	主题如何确定	□ 听从教师的建议或教师指定主题 □ 看到别人玩什么就玩什么 □ 独立确定主题，并能很快进入到游戏情境
	情节	□ 情节是否丰富
计划性与持续性	计划性	□ 没有计划，看到什么材料就玩什么 □ 根据计划开展游戏
	持续时间	□ 5分钟以内 □ 6—10分钟 □ 11—20分钟 □ 20分钟以上
	游戏主题的持续性	□ 间断（时常脱离游戏情境和角色） □ 持续

续表

观察维度	二级维度	三级维度
角色意识	角色如何确定	☐ 成人指定 ☐ 同伴安排 ☐ 模仿同伴 ☐ 自主选择
	角色意识	☐ 角色意识不强，游戏行为易受同伴或材料的影响 ☐ 角色意识明确，能够按照角色要求来行动 ☐ 角色意识明显，出现双重角色扮演
社会交往	互动水平	☐ 独自游戏 ☐ 平行游戏 ☐ 联合游戏 ☐ 合作游戏
	组织能力	☐ 在别人带领下游戏 ☐ 会出主意使游戏玩下去 ☐ 能带领别人或教别人玩
	冲突解决	☐ 在冲突中屈服 ☐ 用暴力动作解决问题 ☐ 用语言解决问题 ☐ 寻求成人帮助 ☐ 接受合理的方案 ☐ 主动解决问题
语言	语言沟通频率	☐ 几乎没有语言互动 ☐ 偶尔有语言互动 ☐ 经常有语言互动
	游戏语言的使用	☐ 用游戏外的交际性语言互动 ☐ 用游戏角色语言互动 ☐ 在伙伴之间的交际性语言和角色之间的交际性语言中自如转换
材料使用	物品假装	☐ 使用真实/逼真物品 ☐ 使用相似物 ☐ 使用多功能性物品 ☐ 根据需要自制物品 ☐ 可以用语言和动作替代部分材料、补充细节信息
情绪体验	情绪表现	☐ 在游戏中情绪消极 ☐ 在游戏中情绪积极

四、幼儿游戏活动观察实践任务

请观察一次幼儿的区域游戏，并进行记录、分析，提出下一步的支持策略。表 3-13 仅供参考，可根据实际需要修改表格内容。

拓展资源 3-4　如何实施观察

表 3-13　幼儿游戏观察表

基 本 信 息				
观察者			观察日期	
观察目的			区域类型	
观察对象	姓名（代号）	月龄（出生年月）	性别	其他信息（如特殊的日常表现、健康状况等）
观察要点				
观察时间				
观察场景	可拍照或画图			
观察者角色	□ 与观察对象全程互动 □ 以旁观为主，需要时参与 □ 完全旁观，全程不参与			
观察记录方法				
客观记录		解释与分析		
可附相应的图片				
评价、建议				
观察反思				

【实践育人】

马尔科姆·格拉德威尔教授总结出"一万小时定律",即在任何领域取得成功的关键跟天分无关;成功的要素是坚持练习一万个小时。一个人在10年之内,对他所从事的专业进行1万个小时的练习;每周练习20小时,每天3小时,他就能在这个行业获得成功。学生刚开始进行幼儿行为观察时,可能会面临一些困难,会看不懂幼儿的行为,这是正常的现象,只要学生坚持观察,积极思考,虚心请教,不断积累,一定会让自己的观察能力得到明显提高。

任务三 观察评价幼儿的发展现状

儿童发展评价是运用一定方法收集儿童信息并对儿童的学习与发展状况作出判断的过程。通过观察评价幼儿,一方面可以鉴定幼儿的发展水平,另一方面也能为评价教育质量、调整课程计划提供依据。

一、儿童发展评价的内容

《幼儿园教育指导纲要(试行)》指出,评价应全面了解幼儿的发展状况,防止片面性,尤其要避免只重知识和技能,忽略情感、社会性和实际能力的倾向。《3-6岁儿童学习与发展指南》中指出,儿童的发展是一个整体,要注重领域之间、目标之间的相互渗透和整合,促进幼儿身心全面协调发展,而不应片面追求某一方面或几方面的发展。儿童的学习与发展根据不同的维度可以分为不同方面。《3-6岁儿童学习与发展指南》中将幼儿的学习与发展分为健康、语言、社会、科学、艺术五个领域,每个领域下设若干子领域,每个领域都有相应的发展目标,为儿童发展评价的内容提供了参考(如图3-1所示)。

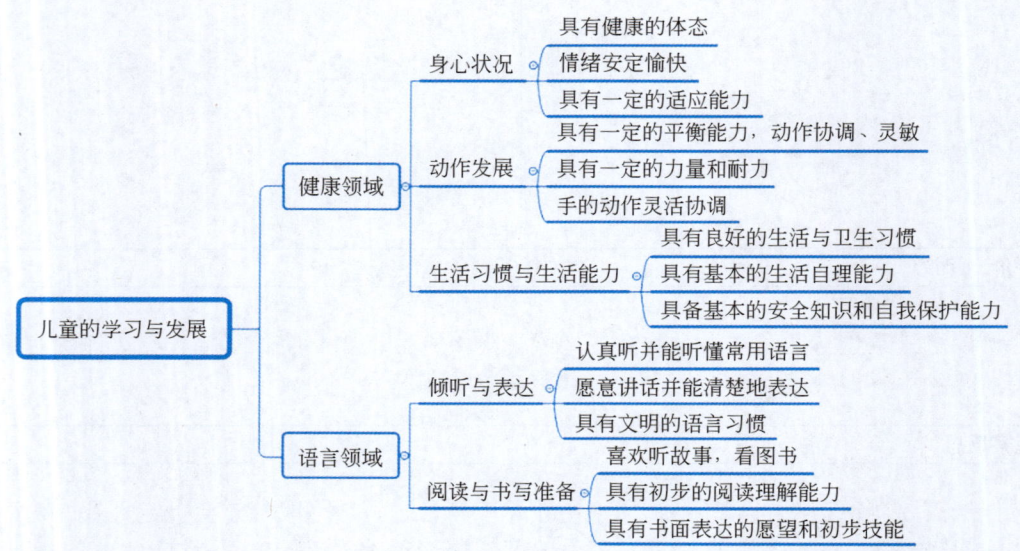

图3-1 《3-6岁儿童学习与发展指南》中儿童的学习与发展内容框架

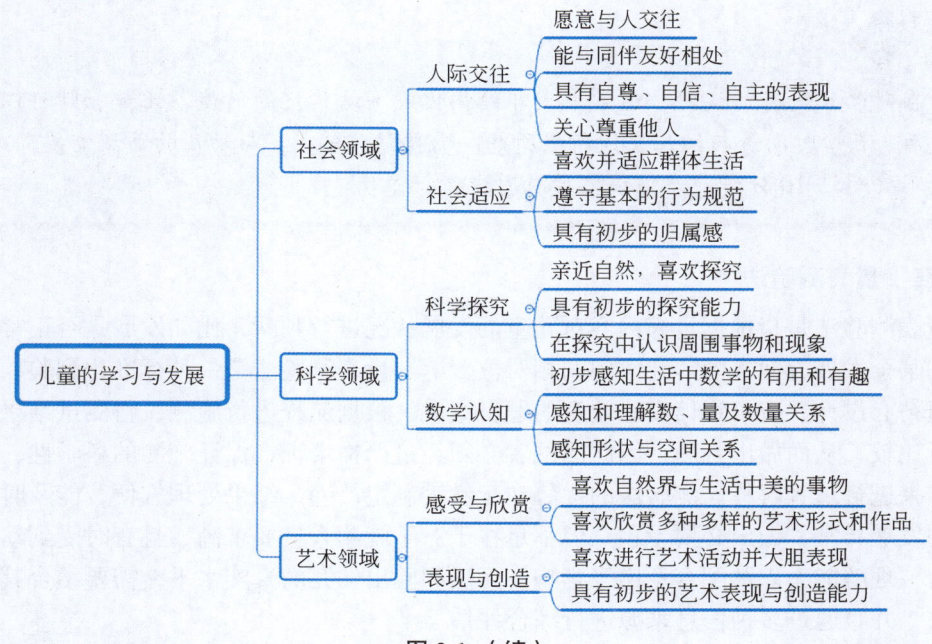

图 3-1 （续）

二、儿童发展评价的方法

儿童发展评价的方法有很多，如观察法、访谈法、档案袋评价法、量表测验法等。《幼儿园教育指导纲要（试行）》指出，对于幼儿的发展评估应在日常活动与教育教学过程中采用自然的方法进行。平时观察所获的具有典型意义的幼儿行为表现和所积累的各种作品等，是评价的重要依据。评价者可以根据评价目的选择适宜的评价方法。

（一）观察法

观察法是指通过感官或仪器，有目的有计划地收集自然状态下幼儿行为的信息，并对其进行分析、判断的过程，包括"注意—感觉—判断"三个过程。在幼儿园中教师对于幼儿的观察往往是在自然情境中进行的，幼儿无须特意配合，弥补了幼儿语言表达能力、理解能力的不足，再加上幼儿在成人面前较少隐藏自己的想法，因此观察法是研究和评价儿童的最佳方式。观察法的种类以及使用方法参见任务一。

（二）访谈法

访谈法是通过与儿童本人、儿童父母或抚养人进行口头交谈，了解和收集评价对象有关情况的方法。根据对访谈的控制程度，可以分为结构化访谈、非结构化访谈以及半结构化访谈。结构化访谈是指按照预先编制的访谈提纲依次提出问题，让访谈对象按照要求回答问题的方法。非结构化访谈比较灵活，可以在一定主题下自由交谈，访谈者也可以根据需要调整访谈内容。半结构性访谈介于两者之间，一般事先会拟定大致的访谈提纲，所设问题一般为开放性问题，没有既定答案，在访谈的过程中也可以根据需要进行调整。

在对幼儿进行访谈时,通常采用非结构化或半结构化的访谈,比如教师可以在游戏后、点心时间等与幼儿交谈所思所想。需要注意的是,与幼儿的访谈需要简短,最好不要超过10分钟,在访谈之后及时进行记录。

(三)量表测验法

量表测验法是指根据量表内容对儿童的发展状况进行判断,比如发展是否正常,或个体的某个发展方面在同龄儿童中的相对位置等。量表测验法是一种标准化测验,通常由一组精心设计并有一定信度和效度的题目组成,根据流程进行施测,将测试结果与常模进行比较,从而做出判断。因此测试者必须经过严格培训,保证施测的科学性,并对测试结果进行适宜解释。测验法的优势在于量表制定严谨,结果处理方便,能及时发现幼儿的发展异常,做出必要干预。但不足在于对于施测人员要求高,且有时受到幼儿表达能力、理解能力以及配合意愿等影响,无法测验出幼儿的真实水平,需要结合其他评价方式,并且通过多种信息来源进行综合评估。

(四)档案袋评价法

档案袋评价法是指教师为幼儿建立档案袋,有目的地收集反映幼儿发展的相关材料,分析评价幼儿的发展。这种材料包括观察报告、检核表、作品样本、访谈记录,形式包括文字记录、照片、视频、实物等。档案袋评价法综合了多种评价方法,也是目前幼儿园进行发展评价使用较多的一种表现性评价。

三、观察评价指标参考

(一)健康领域评价指标(如表 3-14 所示)

表 3-14 健康领域评价指标参考

评价项目	等级一	等级二	等级三	等级四	等级五
情绪管理	幼儿通过与其他人之间的身体接触等方式来表达自己的情绪	幼儿用简单的语言表达一种情绪,并且能够说出产生这种情绪的原因	幼儿首先尝试调节自己的情绪,但最终还是使用了身体接触的方式来解决问题	幼儿能够用适宜的语言和行为调节自己的情绪	幼儿能调节自己的情绪并用更具体和准确的词汇来表达自己的情绪和感受
大肌肉动作发展	幼儿能双脚交替上下楼梯,双脚跳离地面,或跨步走	幼儿用手击打或者脚踢一个大的移动的物体	幼儿能重复跳跃至少8次(连续跑跳)	幼儿用桨、球拍、球棒击打一个移动的小球	幼儿能够平稳、有序地完成一系列动作
小肌肉动作发展	幼儿能适度控制自己的小肌肉运动	幼儿能灵巧准确地操作小物品	幼儿能用三指握姿(大拇指和两个手指)书写或画一个数字或封闭的图形	幼儿能用两只手做不同动作,配合完成精准的动作	幼儿利用手指的灵巧性和力量,完成一个多步骤的任务

续表

评价项目	等级一	等级二	等级三	等级四	等级五
生活自理与健康生活习惯	幼儿在他人帮助下完成一项自理任务	幼儿独立完成一项自理任务	幼儿做一个有利于健康的选择，并能解释这样做的益处	幼儿有健康的生活习惯，并表现出一定的自我照顾能力	幼儿解释如何以及为何人们必须要照顾好自己的身体
安全自护	幼儿在成人提醒下能注意安全，不做危险的事	幼儿了解周围环境中不安全的事物，知道不做危险的事	幼儿认识常见的安全标志，能遵守基本的安全规则，并有初步的自护意识和行为	幼儿知道简单的自救和求救的方法	幼儿能够遵守安全规则，并能解释安全规则背后的原因

（二）语言领域评价指标（如表3-15所示）

表3-15　语言领域评价指标参考

评价项目	等级一	等级二	等级三	等级四	等级五
倾听与理解	幼儿注意到对方对自己说话，并对日常用语做出动作或口头回应	幼儿在群体中能听取与自己有关的信息，并有所反应	幼儿能够结合情境理解对方语气语调表达的不同意思；或能重述（回忆）一个听过的故事3个以上的细节；或完成3个以上的指令	幼儿结合情境理解一些表示因果、假设等相对复杂的句子	幼儿通过提问或回答来澄清日常对话中呈现的重点问题，表明他/她对内容信息（即主题）的理解
口语表达	幼儿能够用简单句进行表达	幼儿能够谈论不在场的人或物，或自己的兴趣、真实的见闻及经历，包含主要细节	幼儿能用简单的复合句，有条理地进行表达	幼儿能比较生动地描述一件事情或表达自己的观点	幼儿能够使用推测性的语言谈论某种有可能发生的事，继而能够就这个话题谈论自己的观点及看法
文明的语言习惯	在与别人讲话时，幼儿知道眼睛要看着对方并有所回应	幼儿在成人的提醒下，能够使用日常礼貌用语	幼儿能有意识地根据场合调节自己说话声音的大小	幼儿在交谈或集体讨论中能积极主动回应别人讲话，并懂得按次序轮流讲话，不随意打断别人	与他人沟通时，幼儿能够主动、经常性地使用礼貌用语，并能够根据谈话对象的需要使用恰当的语言并调整语气
阅读能力	幼儿通过语言描述书中画面的意思	幼儿理解生活中或图画书中简单的符号、文字的意义	幼儿能根据连续画面提供的信息大致说出故事的情节，并能随着作品的展开产生相应的情绪反应	幼儿能说出文学作品的主要内容，并能说出其中的一些细节	幼儿能根据故事的部分情节或图书画面的线索猜测故事情节的发展或续编、创编故事或对看过的图书发表自己的看法
阅读习惯	在成人提议下，幼儿与成人一起阅读或自己取书阅读	幼儿自己拿取图书要求成人讲述或独立阅读	幼儿能自觉拿取图书进行阅读，并且能够遵守一些基本的阅读规则	幼儿每天都自觉拿取图书进行阅读，并且能够遵守基本的阅读规则	幼儿每天都自觉拿取图书进行阅读，并且能够以图画或文字方式进行简单的记录或评价

续表

评价项目	等级一	等级二	等级三	等级四	等级五
书面表达	幼儿喜欢操控书写工具，并愿意随便涂涂画画表达一定的意思	幼儿能控制书写工具，能有意识地用点、线或图画表达自己的想法	幼儿能够控制书写工具，乐意写字或自创字形	幼儿已能写出一些正确的字形、用字与图、符号相配合的方式写出简单句子进行记录或表达自己的想法。同时，幼儿在成人提醒下能运用正确的姿势进行书写	幼儿能运用一些常见的正确的汉字、数字、符号等表达自己的想法或记录一些事情，并能做到书写姿势正确

（三）社会领域评价指标（如表3-16所示）

表3-16 社会领域评价指标参考

评价项目	等级一	等级二	等级三	等级四	等级五
与成人交往	幼儿请求一个成人和他/她一起玩或参与同一个活动	幼儿与成人交谈，并有两次以上的对话来回	幼儿让一个成人在相当长的一段时间里参与一项活动，并给他/她分配任务或角色，然后同成人一起合作达到自己心中的目标，或引导成人参加一个复杂角色扮演游戏	幼儿问成人一个涉及成人知识或经历的问题，拓展其在区域活动或集体讨论中所学到的知识	幼儿与成人继续之前的交谈以获取或分享更多的信息
与同伴交往	幼儿直接同另一个幼儿说话	幼儿对一个或多个朋友表现出喜爱之情	幼儿与两个或更多幼儿合作，他们会贡献自己的想法，并把他人的想法纳入正在玩的游戏中	幼儿与一个朋友进行一段长时间的私人交谈	幼儿继续谈论或者询问他/她的朋友他们之前分享的私人话题
冲突解决	幼儿尝试用简单的方式解决冲突	幼儿请求成人帮忙解决自己与另一个幼儿的冲突	幼儿在成人的支持下参与冲突解决的过程，他/她会提出一个解决方案，并最后同意一个问题解决方案	幼儿在没有成人帮助的情况下，和另一个幼儿独立协商出一个解决冲突的方法	幼儿预先考虑一个方案是否能有效地解决冲突，并解释原因
自尊、自信、自主	幼儿在成人的帮助或鼓励下选择并完成一项活动	幼儿能根据自己的兴趣选择游戏或其他活动	幼儿知道自己的一些优点或自己擅长的活动，同时敢于尝试对自己来说有一定难度的任务	幼儿能主动发起活动或在活动中出主意、想办法	幼儿主动承担任务，遇到困难能坚持完成，或与别人的看法不同时敢于坚持自己的意见，并说出理由
关心他人	幼儿能注意到身边人明显的困境或情绪变化	在成人提醒下，幼儿会对他们身边人的不幸遭遇或情绪变化表示关心	幼儿主动表现出对周围人不利境遇或情绪变化的关心，或提供帮助	幼儿能识别他人不明显的需要或情绪反应，并给予力所能及的帮助	幼儿能体会到在同一种情况下，他人可能会与自己有不同的理解或情绪反应，尽量做出有利于他人的一种行为

续表

评价项目	等级一	等级二	等级三	等级四	等级五
适应集体生活	幼儿尝试独立完成一项与日常作息相关的简单任务	幼儿自己从一日常规中的一个环节过渡到下一个环节	幼儿提醒别人遵守活动室常规或讲究公德	幼儿自己做了一件对班级或者幼儿园有益的事情，但是并不是活动室规则、任务或者常规所要求他/她做的	幼儿能够区分他人的行为是有意的还是无意的
认识自我与他人	幼儿能使用人称代词"我"来回答问题	幼儿能谈论、扮演家庭成员或自己熟悉的角色	幼儿能用具体的措辞定义自己	幼儿能够识别出每个人特点的异同	幼儿能比较自己的家庭和他人家庭的特征
归属感	幼儿知道和自己一起生活的家庭成员与自己的关系，并表达其对家的归属感	幼儿表现出对自己所在班级的归属感	幼儿表现出对自己所在幼儿园的归属感	幼儿表现出对自己所在社区或家乡的归属感	幼儿表现出对国家的归属感

（四）科学领域评价指标（如表 3-17 所示）

表 3-17　科学领域评价指标参考

评价项目	等级一	等级二	等级三	等级四	等级五
认识自然与物理世界	幼儿有主动照料或谈论植物或动物的行为	幼儿知道动物和植物的生活、生长环境	幼儿注意到自然环境中某物或环境的变化，并说出一个可能导致变化的原因	幼儿能说出人类哪些行为对环境有危害，并能解释造成危害的原因	幼儿识别并描述一个生态循环或生态系统
实验、预测、验证	幼儿用试误的方法研究某个材料或想法	幼儿能够描述一个物体或现象发生的变化或随意地做了一个口头预测，然后通过实验验证其是否正确	幼儿解释自己的实验为什么会出现这样的结果	幼儿将自己以前得出的结论应用到新的情境中	幼儿提出一个问题，并有条不紊地测试可能的答案
观察分类	幼儿能识别生物、物体或事件的简单特征	幼儿能注意到不同事物之间的相同与不同，并能根据一个特征或属性给物品分类	幼儿专注地观察某物，能够根据两个特征或属性给物品分类，并能说明分类依据	幼儿能够根据物体两个以上特征进行多角度分类，并能说明分类依据	幼儿将一个类别分为多个集合，再把集合分成子集，并能说出每个子集的特点、子集之间的关系以及子集与集合之间的关系
工具和技术	幼儿能使用工具来支持游戏	幼儿用简单的方式解释如何操作工具	幼儿用简单的方式解释如何使用这一项技术	幼儿解释工具和技术如何为日常起居服务	幼儿使用技术查找自己感兴趣的信息

（五）数学领域评价指标（如表 3-18 所示）

表 3-18　数学领域评价指标参考

评价项目	等级一	等级二	等级三	等级四	等级五
数字与数的关系	幼儿能连续（一一对应地）数出 10 个物品	幼儿能（一一对应地）数出 10 个以上的物品，并根据最后一个数字报出总数	幼儿能正确排列一列数的顺序和位置	幼儿能说出一组物品比另一组物品多多少个或少多少个	幼儿能用两种或两种以上的方式组合或分解一个 10 以内的数字
形状	幼儿能识别并说出一些二维形状的名称（圆形、三角形、正方形或长方形）	幼儿能（通过组合和拆分）将一个形状变成另一个形状，并说出最终的形状	幼儿能描述一个形状是怎么组成的（即说出形状的属性）	幼儿能说出一个三维形状的名称（立方体、圆柱体或圆锥体）	幼儿能描述三维形体，并比较它们的异同
空间关系	幼儿能识别上下、里外的空间和位置	幼儿能识别前后、远近的空间关系	幼儿能使用基本的方位词进行描述	幼儿能以自己为中心判断左右	幼儿能按照方位语言指示或示意图完成任务
比较和测量	幼儿会使用测量用语	基于测量属性，幼儿使用"一样的""相同"或者比较性质的词语（例如，更大或者最大）对物体直接进行比较或排序	幼儿使用标准的测量方法和程序对物体进行测量	幼儿使用两种不同的单位测量某个物体，并解释结果不同的原因	幼儿能独立使用标准计量单位进行正确测量，并说出其使用的测量单位
模式	幼儿识别、复制或扩展现有的简单的模式	幼儿创造而非模仿一个独特的至少有三次重复的简单模式	幼儿创造而非模仿一个至少有三次重复的复杂模式	幼儿独立地把一个模式转换成声音、符号、动作或物品	幼儿能解释增加模式、减少模式
数据分析	幼儿以具体方式呈现信息（数据）	幼儿以抽象方式呈现信息（数据）	幼儿解读图示或图表上的信息（数据）	幼儿应用图示或图表上的信息（数据）	幼儿提出一个感兴趣的问题，然后自己收集并解读信息（数据）来找出答案

（六）艺术领域评价指标（如表 3-19 所示）

表 3-19　艺术领域评价指标参考

评价项目	等级一	等级二	等级三	等级四	等级五
感受与欣赏	幼儿看到或听到美的事物、艺术作品、声音时会有身体或表情的变化	幼儿能关注到自然界和生活中美的事物、声音、艺术作品，并能产生相应的情绪和动作反应	幼儿在观看艺术活动及艺术作品时，能用简单的语言表达对色彩、声音等主要特征的理解	幼儿收集美的物品或向别人介绍美的事物	幼儿能和别人分享、交流自己喜爱的艺术作品和美感体验
表现与创造(唱歌)	幼儿能够唱出自己感兴趣（熟悉）歌曲的一部分内容	在唱一首歌的某一部分时，幼儿会调整自己的声音	幼儿能唱出一首他/她熟悉的歌曲的所有歌词	幼儿能用恰当的情绪情感表达歌曲的内容	能用多种歌唱形式表演自己熟悉的歌曲

续表

评价项目	等级一	等级二	等级三	等级四	等级五
表现与创造（律动）	幼儿自己能随音乐做动作	幼儿能识别并跟着稳定节拍做动作	幼儿描述自己的动作是如何与音乐特征联系起来的	幼儿保持至少8个稳定的节拍	幼儿学会一个舞蹈的简单动作，并跟着稳定节拍做动作
表现与创造（绘画与造型）	幼儿在操作材料过程中，能无意识地做出某种东西，并说出它像什么	幼儿创造出一个简单的有一点细节的作品	幼儿创作出一个复杂的有很多细节的成品	幼儿注意到艺术特征（如色彩、线条和纹理、质地）是如何与情感和想法相联系的	幼儿解释自己是如何用艺术元素创造艺术效果或者表达情感和想法的
表现与创造（角色扮演）	幼儿通过语言或做动作假装扮演一个角色或演绎一个图片里的内容	幼儿重复地玩一个角色扮演游戏	幼儿和两个或两个以上幼儿一起游戏，并从角色中跳出来，给其他幼儿指示	为支持并延伸角色扮演游戏，幼儿创造出包含5个或更多细节的特定的道具或者服装	幼儿参与到集体表演的熟悉的故事、童话或寓言的活动中，并加上自己的想法

（七）学习品质评价指标（如表 3-20 所示）

表 3-20　学习品质评价指标参考

评价项目	等级一	等级二	等级三	等级四	等级五
好奇心和内驱力	幼儿被大自然和生活中新的事物或环境所吸引并长时间关注	幼儿用多种感官探索事物和所处环境	幼儿就一个问题不断地深入询问成人"为什么"	幼儿表现出对学习不同主题或验证不同想法的热情	利用多种资源，想方设法去找到问题的答案
主动性与做计划	幼儿用肢体语言或一两个词汇表达自己的活动意图	幼儿用一个短句来陈述自己的计划，并且遵循计划	幼儿制订以及实施两个或者更多彼此不相关的计划	幼儿花费一定的时间（至少20分钟）来完成自己的计划	幼儿制订一个两天以上才能完成的活动计划并按照计划来实现意图
解决问题	幼儿寻求他人帮助来解决问题，并能识别出问题所在，同时用语言表达出来	幼儿不断尝试一个或多个想法，直到他/她成功解决一个简单的问题	幼儿帮助同伴解决问题	幼儿在游戏过程中预测到一些潜在问题，并确认可能的解决方案	幼儿能协调多个资源（物品或人）来解决一个复杂的问题
反思与解释	幼儿能说出某件自己刚做过不久的事情	幼儿能够回忆起三件或者更多自己做过的事或发生过的事的细节	在没有提示的情况下，幼儿能回忆起三件或更多自己做过的事情或事情发生的顺序	幼儿说出事件发生在自己身上的原因，以及如果这件事再次发生，他/她会怎么做。幼儿的进步体现在从详细记忆某件事到实际分析发生的事件的过程	幼儿回忆别人的经历，并能够将他人的经验运用在相似的情境中

四、儿童发展评价的实践任务

请选择一名幼儿作为观察评估对象,对其发展进行全面评价,并形成评价档案。表 3-12 仅供参考,可根据实际情况修改。

拓展资源 3-5
如何整理分析观察资料

表 3-21　幼儿发展综合评价表

儿童姓名_____　　　性别_____　　　月龄_____
教师_____　　　班级_____　　　日期_____

领域	项目	等级	观察记录(依据)	教师分析
健康领域	情绪管理			
	大肌肉动作发展			
	小肌肉动作发展			
	生活自理与健康生活习惯			
	安全自护			
语言领域	倾听与理解			
	口语表达			
	文明的语言习惯			
	阅读能力			
	阅读习惯			
	书面表达			
科学领域	认识自然与物理世界			
	实验、预测、验证			
	观察分类			
	工具和技术			
自行补充				
综合评估				
家园指导建议				

任务四　基于观察支持幼儿的发展

在对幼儿进行观察、记录、分析之后，需要制订相应的指导策略，支持幼儿的发展。对幼儿行为的支持需要基于观察结果，也需要结合幼儿的个性进行差异化指导。

一、支持幼儿发展的基本原则

（一）理解幼儿的发展特点

幼儿的发展具有连续性和阶段性，一方面，需要基于幼儿的发展阶段提供适宜的指导，另一方面，在引导的过程中也要循序渐进，"量"只有达到了一定的积累，才能实现"质"的突破。因此，在指导幼儿之前，教师需要对不同年龄阶段幼儿的发展特点有清晰地把握，才能进行科学的指导。

小班幼儿以独自游戏为主，还无法和其他幼儿进行合作，因此在游戏材料投放时，应遵循种类少，数量多的原则，在组织集体教学活动时，有些材料需要准备人手一份；而大班的幼儿开始能与同伴进行联合游戏、合作游戏，如果依旧像小班一样人手一份材料，反而不利于幼儿之间的交流、合作与互助。

（二）尊重幼儿的个体差异

幼儿的发展具有阶段性，每一阶段具有一些共性的特征，但幼儿作为独立的个体，受到遗传、家庭环境、发展速度等各个方面的影响，在发展水平、能力、经验、学习方式等各方面都具有差异。不能用同一把"尺子"去衡量所有幼儿，也不能用同一种方法去应对不同幼儿。

幼儿的个体差异是非常明显的，在发展水平上，有些幼儿某一方面的发展速度会快一些，有些幼儿发展慢一些，教师需要找到每个幼儿的"最近发展区"，提供多层次的材料，让幼儿在自己已有的水平基础上得到提升。在能力倾向上，不同幼儿有各自的优势与不足，要善于发现幼儿的优势，长善救失，促进幼儿的全面发展。在学习经验上，幼儿会受到家庭、生活环境、经历等影响，教师要了解每个幼儿的已有经验，基于幼儿的兴趣点组织游戏活动。在学习方式上，有些幼儿喜欢观察学习，有些幼儿喜欢动手操作，有些幼儿擅长视觉学习，有些幼儿擅长听觉学习，教师需要提供多样的学习方式，开展多通道感官的学习路径，让每个幼儿都能按照自己的节奏、学习方式进行探索，获得丰富的成功体验。

（三）立足幼儿的长远发展

《幼儿园教育指导纲要（试行）》中指出，"幼儿园教育是基础教育的重要组成部分，是我国学校教育和终身教育的奠基阶段",是在为幼儿的一生发展打基础。因此,在选择教育策略时,应考虑这一策略是有助于幼儿长远发展的,而不仅满足幼儿当下的需求,更要避免只考虑当下教师自身的管理需要的情况。比如当幼儿之间发生冲突时,教师可以直接介入进行批评,快速终止冲突;也可以采取倾听幼儿的需求,认可并安抚幼儿的情绪,让幼儿来说明事情经过,支持幼儿自己来解决问题的方式。前一种方式效率高,但没有从根本上解决问题,也没有让幼儿习得解决冲突的技能。后一种方式虽然会花费更多的时间,但在这个过程中,幼儿学习了如何用语言表达自己的需求,学习了倾听、理解他人的想法和情绪,还可以学习到采用轮流、协商、求助他人等方式来解决问题。这些能力与品质,都是幼儿发展的重要方面,并为幼儿未来与更多的人交往、应对更加复杂的情境做好准备。

二、支持幼儿发展的常用策略

(一)通过师幼互动支持幼儿的发展

通过与幼儿互动的方式来支持幼儿的学习与发展,是教师最常采用的一种方式。具体可以包括直接讲解、行为示范、启发暗示、表扬鼓励、参与幼儿游戏等方式,教师可以根据具体情况选用适当的方法。如何与幼儿进行互动往往是新教师或实习生的难点,在《万千教育学前有力的师幼互动:促进幼儿学习的策略》一书中,详细介绍了师幼互动的方法,如图3-2所示。

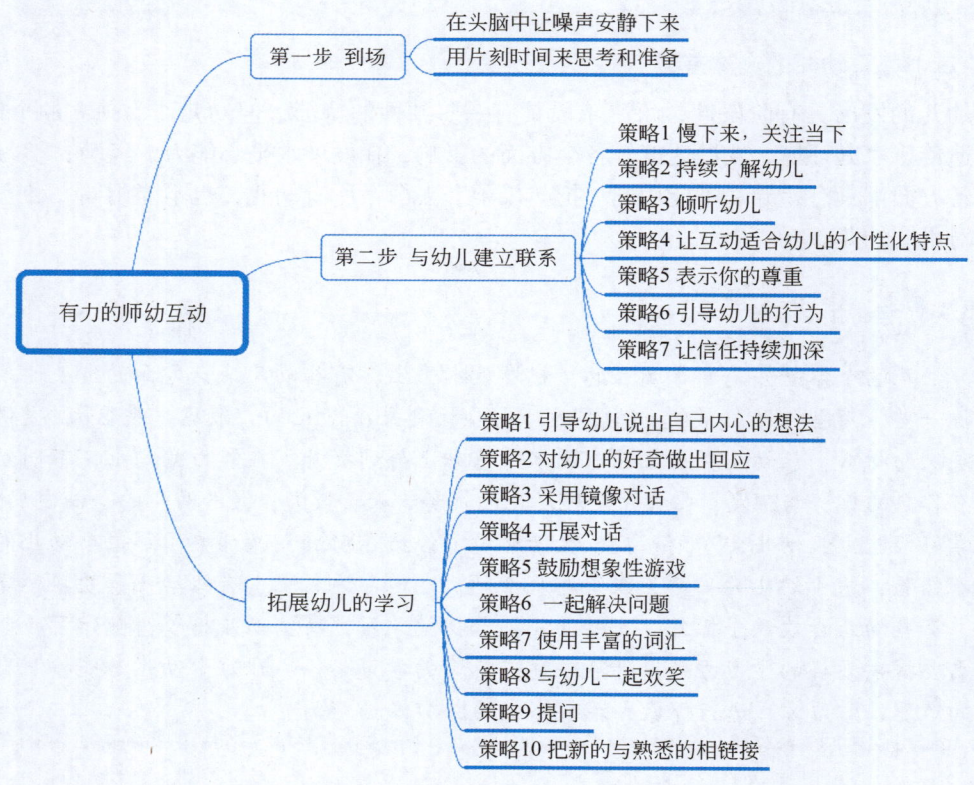

图3-2 有力的师幼互动基本步骤

（二）通过环境创设与材料调整支持幼儿的发展

环境是幼儿的第三位"老师"，也是一位无声的老师。《幼儿教育指导纲要（试行）》中指出，幼儿园应为幼儿提供健康、丰富的生活和活动环境，满足他们多方面的发展需要。教师通过为幼儿提供丰富的材料，让其在直接感知、实际操作、亲身体验中学习。同时，通过观察幼儿的活动状况与需求，及时调整环境与材料。在进行环境创设与材料投放时，应遵循以下原则：

1. 安全性。所提供的材料应安全无毒、健康卫生。
2. 适宜性。所提供的材料应符合该年龄段幼儿的发展水平与特点。
3. 多样性。一方面，材料种类应多样，给予幼儿丰富的感知体验，满足不同幼儿兴趣需要。另一方面，材料投放应有层次性，能满足不同发展水平幼儿的需求。
4. 参与性。幼儿应参与到环境创设与材料投放的决策与布置中。
5. 动态性。环境与材料应跟随幼儿的兴趣、需求、发展水平等变化进行调整。
6. 经济性。可以选取生活中常见的物品、大自然的物品等低结构材料，并善于收集幼儿家中的废旧材料。

拓展资源 3-6
如何基于观察支持幼儿发展

（三）通过生活活动支持幼儿的发展

在幼儿园，一日生活皆课程。幼儿的生活是综合性的，一日活动的各个环节都蕴含着多样的教育价值，也是幼儿重要的学习方式。生活活动在幼儿的一日生活中占据大部分时间，教师应抓住在生活环节中的教育契机，促进幼儿各个方面的发展。如在幼儿分发点心时让幼儿进行点数，巩固数概念；在进餐时，引导幼儿认识食物，养成良好的饮食习惯，关注幼儿的精细动作发展，掌握餐具使用的技巧；在盥洗环节，让幼儿了解关于细菌的科学知识，掌握七步洗手法，探索泡泡和水的关系等。

（四）通过活动设计与游戏支持幼儿的发展

教师通过设计、组织各类活动来支持幼儿的发展。常见的活动类型有集体教学活动和区域活动。集体教学活动是指有目的、有计划地组织班级所有幼儿都参加的教育活动，包括预设的活动与生成的活动。区域活动是指教育者以幼儿感兴趣的活动材料和活动类型为依据，将活动室的空间相对划分为不同区域，让幼儿自主选择活动区域，通过与材料环境、同伴的充分互动而获得学习与发展。更加注重幼儿的自主性，满足个别差异。游戏是幼儿的天性，也是幼儿的学习方式，幼儿园应以游戏为基本活动。因此，教师应珍视幼儿的游戏价值，给予幼儿充分的自主游戏时间，观察幼儿在游戏中的表现，进行下一步的支持。

（五）通过家园合作支持幼儿的发展

家庭是个体成长最初阶段的最直接、微观的环境，对于幼儿的影响是其他任何因素不可比拟的。因此，只有家园行动一致，才能形成教育合力。教师可以通过多种方式开展家园合作，如接送交谈、个别约谈、家访、家长开放日、家园联系册、电话、微信群、亲子教育沙龙、家长园地、利用家长资源开展活动、建立社区教育基地等。可以通过家长了解幼儿在家中的表现，对幼儿有更加深入、全面的了解，家长可以从园所获得更多教育信息，更好地科学育儿。

三、支持幼儿发展的实践任务

请观察一个幼儿挑战性行为（反复发生的，让学生感到困扰的问题）案例，至少记录三次，尝试分析，并提出多种指导策略（如表 3-22 所示）。

表 3-22 幼儿挑战性行为观察表

基 本 信 息				
观察目的				
观察对象	姓名（代号）	月龄（出生年月）	性别	其他信息（如特殊的日常表现、健康状况等）
观察要点				
观察者角色	☐ 与观察对象全程互动 ☐ 以旁观为主，需要时参与 ☐ 完全旁观，全程不参与			
观察次数	时间与场景	客观记录 （可附录相应的图片）		解释与分析
第一次				
第二次				
第三次				
总结与评价				
指导建议				

【能力拓展】

拓展资源 3-7
先观察分析，再判断决策

拓展资源 3-8
中班幼儿助人行为的观察研究

拓展资源 3-9
游戏中幼儿同伴冲突的观察、识别与支持

【随手记录】

项目四

组织实施游戏活动

项目四　组织实施游戏活动

【学习目标】

（一）了解幼儿园室内和户外游戏类型，掌握幼儿园室内、户外环境创设的要求。

（二）能运用游戏环境创设理论、游戏观察量表进行幼儿园游戏环境的创设和游戏评价。

（三）尝试用游戏观察和评价的方法，解决在幼儿园中遇到的实际问题。

【实践内容与要求】

（一）见习：幼儿园环境。

要求：拍照记录幼儿园室内环境和户外环境；参与幼儿园区域游戏环境的创设。

（二）进行幼儿园游戏实践。

要求：观察幼儿园某班级全程的游戏活动；记录某类游戏的产生、发展和结束的过程；根据所在班级的活动安排设计组织幼儿园游戏活动；尝试用游戏评价量表评价幼儿的游戏行为与教师的游戏指导行为。

【实践安排】

建议安排在大二年级第一学期开展，可以集中时间去幼儿园2—3周。

【职业素养】

（一）通过观察幼儿园室内外环境，认识到环境育人的重要性，增强职业素养和职业认同感。

（二）通过观察幼儿的游戏行为增进对幼儿的了解，强化尊重幼儿、热爱幼儿的信念。

（三）通过游戏的准备、组织以及与幼儿的互动，展现师德师爱。

任务一　规划班级活动室环境

幼儿园的环境创设是教育者根据幼儿园教育的要求和幼儿身心发展规律和需要，充分发掘和利用幼儿生活环境中的教育来源，创设幼儿与环境积极作用的活动场景。这一过程旨在把环境因素转化为教育因素，最终促进幼儿身心发展。幼儿园环境既有保育的性质，又具有教育的性质。

一、室内游戏环境的构成

幼儿园活动室内的游戏环境主要是各种游戏区角，也称游戏区，是教师根据教育目标和幼儿发展水平，将活动室划分一些区域（如科学区、益智区、建构区、角色区、美工区等），有目的、有计划地投放各种材料，创设活动环境，让幼儿在宽松和谐的环境中按照自己的意愿和能力，自主地选择学习内容和活动伙伴，主动进行操作、探索和交往的活动场所。

（一）角色游戏区

角色游戏是幼儿运用模仿和想象，通过扮演各种角色，创造性地反映现实生活的一种游戏。如娃娃家、超市、小医院、小餐厅、警察局、加油站等。

（二）表演游戏区

表演游戏是幼儿根据文学或艺术作品的内容和情节，通过自己的动作、表情、声音等进行的角色扮演的游戏活动。从表演内容看，主要分为故事表演、音乐歌舞表演和装扮表演。

（三）建构游戏区

建构游戏是幼儿利用各种建构材料，通过想象和各种造型活动构造物体形象的活动。建构游戏是幼儿通过操作各种建构材料，运用思维和想象，创造性反映周围生活的游戏，它具有操作性、艺术性、创造性等特点。

（四）美工区

美工区是幼儿通过剪、贴、撕、拍、画等方式，体验表现与创造的乐趣与成就感的活动。幼儿在其中通过色彩、线条、立体设计等方式，经历个性化的表现过程，并获得相应的经验与情感。

（五）阅读区

阅读区是幼儿阅览图书的地方。通过激发幼儿阅读兴趣，使幼儿对图书产生兴趣并喜欢阅读，提升幼儿的阅读能力，让幼儿知道一页一页地看书，学会观察画面进行猜想，知道画面与文字的对应关系，理解页与页内容间的联系。

（六）科学区

科学区为幼儿提供可以自由进行实验操作和科学探索的区域空间，培养幼儿善于观察、思考、动手动脑的能力，发展幼儿的探索精神。

（七）益智区

益智区玩具一般包含一定的问题或者任务，要求幼儿在游戏的过程中解决问题、完成任务，促进幼儿观察、比较、分析、推理等能力的提升。

二、室内游戏环境的创设

活动区的设置具有开放性、可操作性、灵活性、个性化等特点，方便幼儿进行个别活动和自由探索。活动区的活动应为幼儿的自主选择提供循序渐进的"最近发展区"，所以活动区为幼儿提供的材料，应能够引发幼儿思考"为什么"和"怎么样"，引发幼儿不断探索的兴趣，并使其学会独立思考。

（一）幼儿园班级活动区创设的内容

1. 进行合理的活动区空间规划

开学前，教师会根据本班活动室的面积和结构，进行整体的室内环境规划。规划，意味着对环境的总体性、根本性进行思考，为每个活动区寻找一个最理想的位置。

如图 4-1 和图 4-2 所示，在进行班级环境整体规划时，应关注以下方面：

（1）阅读区要安排在光线充足并且较安静的地方，使幼儿能安静地阅读；

（2）益智区和美工区的活动较安静，可以考虑安置在相近的地方，其中美工区可以靠近水源；

（3）建构区可安排在空间比较大的地方，方便幼儿进行建构；

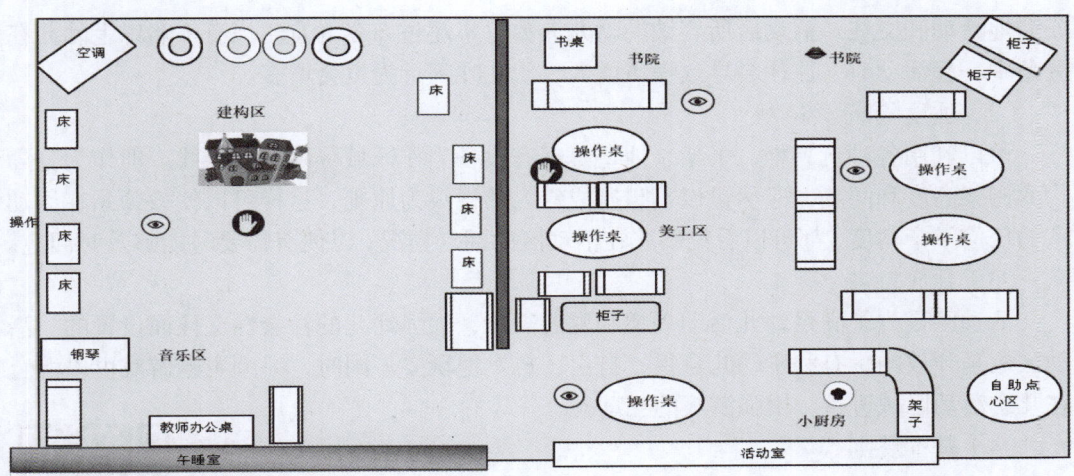

图 4-1　班级整体布局规划图

图 4-2　班级布局实景图

（4）益智区和科学区都需要幼儿来回操作摆弄物体，可以相近相邻；

（5）角色区、音乐区等喧哗程度大一些的区域，要与安静的区域距离远些，以防止相互干扰。

2. 布置幼儿园班级活动区

（1）固定玩具柜的摆放：先固定那些无法移动的柜子和设施，摆放时考虑所有幼儿游戏时都能在老师的视线范围内；

（2）区与区之间适度分隔：区与区之间用玩具柜子适度分开，并且预留更多的自由出入口，供幼儿自由进出与自由交流；

（3）鼓励幼儿参与区角设计：给予幼儿自由参与设计区角名字、探讨应遵守的区角规则的机会，从儿童视角创设活动区的标志及进区规则。

3. 幼儿园班级活动区的创设要求

（1）数量适宜

一般来说，容纳 2—3 名幼儿在一起活动的小活动区，可使幼儿

拓展资源 4-1
班级活动室环境创设

安静地活动和交往。活动区所容纳的幼儿人数以不超过 5 名为宜。当有 5 名以上幼儿在区角中一起活动时，往往会导致噪声增大，幼儿吵闹行为也会增多。

（2）适度隔断

可以利用各种玩具柜、书架、地垫等现有设备当作区域屏障或分界线。但作为分隔物的橱架高度和间隔，应尽量以不阻碍成年人的视线为原则，这样可以使教师站在活动室的任何一个角度，都可以看见幼儿在活动区的活动情况，以便有需要时能够及时回应。

（3）开放自主

活动区是为了满足幼儿活动兴趣和发展需要，加强幼儿的社会性交往而设置的。活动区应是开放的，有利于幼儿自主、自由、自发地玩耍。同时，一个主题游戏可以混合在几个活动区域进行，增强游戏的互动性。

（4）基本规则

每个活动区要有一定的进区规则或者活动规则，如活动区要有人数限制，使幼儿知道当某个区人数够了，其他的幼儿就不能再进去，应去别的区活动。根据幼儿的不同年龄采取不同的方法，如小班幼儿可以用脚印、靠垫、头饰作标志，中班第一学期采用小班的方法，第二学期可以采用阿拉伯数字表示每个区域的人数。

拓展资源 4-2
儿童视角的幼儿园
班级活动区创设

（二）幼儿园班级环境创设的实践任务

在幼儿园见习时，可观察所在班级的整体空间布局，了解相应区域的位置，完成如表 4-1 和表 4-2 所示的实践任务。

表 4-1　幼儿园班级布局观察记录表

班级整体布局			
区域名称	区域全景图	家具配备	位置描述
角色区			
美工区			
建构区			
阅读区			
科学区			
益智区			
表演区			

表 4-2　幼儿园班级环境评价表

项目	目标要求	好	较好	一般
墙壁	与课程目标内容紧密结合			
	幼儿参与性强			
	及时更换，体现季节特点等			
	所用材料有创新性，布置美观、有特色			
	高低适宜，内容符合幼儿年龄特点			
活动区域	结合课程内容设置区域			
	提供丰富、可操作的材料，并根据课程内容投放新材料			
	材料投放体现层次性			
	充分利用废旧物品			
	有活动区标记			
	充分利用环境条件设置角色游戏区			
	角色游戏环境创设体现幼儿主体			
自然角	内容丰富，包括动物、植物等多样品种			
	体现幼儿的参与性			
	摆放合理美观，符合认识特点，季节性强			
	有幼儿观察记录表			
	经常照料打理			
展示区	有作品展示区（可结合墙饰），布置美观			
	作品展示面广			
	作品及时更换			
家园栏	设计布置美观、新颖			
	保教内容丰富，每月更换一次			
	按时公布月、周目标及教育内容			
整体感觉	充分利用空间，合理、合适，美观、有创意			

任务二　投放区域游戏材料

　　幼儿的游戏水平会受到玩具材料的影响，因此在游戏环境创设时，教师要关注玩具材料的选择与投放，并根据小、中、大班幼儿年龄特点及幼儿的兴趣和发展现状来调整材料。各区域可提供的具体材料如表 4-3—表 4-9 所示。

一、各类区域游戏材料的投放

（一）角色游戏区材料投放

表4-3 各类角色区设置和材料投放一览表

游戏区域	游戏材料提供
娃娃家 	1. 各种人物玩偶，如爸爸、妈妈、宝宝等； 2. 吃饭的小桌子、小椅子； 3. 可打扮玩偶的服饰，如裙子、耳环、梳子、扎头绳、口红等； 4. 供给玩偶做饭的锅碗瓢盆（或替代物）、丰富的食材（各种水果、蔬菜、油盐酱醋茶等）、适当的饮料（牛奶盒、易拉罐、奶瓶）； 5. 供小宝宝用的床、玩具推车、尿不湿等
小餐厅、水果店、蛋糕店 	1. 围裙、厨师帽； 2. 桌子、桌布、小椅子； 3. 厨具、餐具及可替代性的低结构材料； 4. 蔬菜、水果等各种食物，及可替代的低结构材料； 5. 可画或写菜谱的小黑板或纸笔； 6. 电话、钱币、收款机、超市推车等
小交警、洗车店、加油站 	1. 交警服装、帽子； 2. 行车路线、斑马线等； 3. 三轮车、小货车、扭扭车、平衡车等各种车子； 4. 红灯、绿灯、黄灯指示牌； 5. 打气工具、洗车工具； 6. 加油管子
小医院 	1. 可当作病床的桌子、椅子、木板； 2. 医生和护士的帽子、衣服； 3. 电话、电脑； 4. 医疗器械玩具，如听诊器、血压计、注射器、点滴瓶、看牙齿的整套工具等； 5. 可做病历的本子、供记录的纸笔； 6. 医药箱：内有温度计、钳子、镊子、镜子、玩具药丸等

（二）表演区游戏材料投放

表 4-4　表演区材料投放一览表

游 戏 区 域	游戏材料提供
故事表演 	1. 各种人物或动物头饰、手偶； 2. 用来装饰的各种服饰、头巾、帽子、眼镜等； 3. 幼儿喜欢的天使翅膀、丝巾、草裙等； 4. 手偶台或木偶台； 5. 故事册（供表演使用）； 6. 化妆的各种装饰品，如发圈、钻石贴等
音乐歌舞表演 	1. 布置舞台的帷幔； 2. 可播放音乐的播放器（如天猫精灵等）； 3. 各种音乐图谱、打击乐器等； 4. 用来装饰的衣服； 5. 麦克风； 6. 观众椅子

（三）建构游戏区材料投放

表 4-5　建构区材料投放一览表

游 戏 区 域	游戏材料提供
建构区 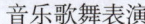	1. 小、中、大型木质积木（可供幼儿平铺、延伸、垒高、架空等）； 2. 其他材质的积木：卷纸筒、彩色杯子、纸板、纸盒等； 3. 辅助材料：绿植、交通标志、各种小人玩具、玩具车等； 4. 著名建筑物图片（供幼儿模仿建构）

（四）美工区材料投放

表 4-6　美工区材料投放一览表

游 戏 区 域	游戏材料提供
美工区 	1. 纸张、画笔、刷子、颜料、剪刀、胶带、喷壶等； 2. 各类自制涂鸦工具：可用报纸、蔬果、农作物秸秆、树叶、树枝、废旧玩具等自制； 3. 各类废旧物品，如旧的桌椅板凳、瓶子、水桶等； 4. 各类自然物，如鹅卵石、枯树枝等； 5. 各类辅助材料，如画架、盘子、小水桶、笔筒、笔架等

（五）阅读区游戏材料投放

表4-7　阅读区材料投放一览表

游戏区域	游戏材料提供
阅读区 	1. 符合幼儿年龄特点的经典纸质绘本，供幼儿阅读； 2. 有声读物，通过点读笔等方式进行自主阅读； 3. 录音笔，可供幼儿进行复述与表达； 4. 软垫、抱枕等，给幼儿创造一种温馨的环境； 5. 可记录的笔、纸等，供幼儿进行记录和表达

（六）科学区材料投放

表4-8　科学区材料投放一览表

游戏区域	游戏材料提供
科学区 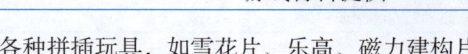	1. 光学：凹透镜、凸透镜、凹面镜、凸面镜、平面镜、三棱镜、万花筒、颜料、调色盘、彩色塑料片等； 2. 磁性：各种形状和大小的磁铁（圆形磁铁、环形磁铁、条形磁铁、马蹄形磁铁等），各种可被磁化和不能被磁化的物体，如指南针等； 3. 声学：音叉、锣鼓等乐器，可以试验声音高低的各种响声盒、纸杯电话等； 4. 电学：连接简单电路所必备的材料，如小电动机、手电筒等； 5. 力学：斜面板、滑轮、弹性物体等； 6. 玩水：与沉浮现象有关的物体，如玩水容器等

（七）益智区游戏材料投放

表4-9　益智区材料投放一览表

游戏区域	游戏材料提供
益智区 	1. 各种拼插玩具，如雪花片、乐高、磁力建构片、梅花积木； 2. 串珠：手链、项链、波普串珠，锻炼幼儿手眼协调能力； 3. 七巧板：提供不同难度的造型，让幼儿了解各种图形间的拼合关系； 4. 迷宫类玩具：掌上迷宫、重力迷宫、激光迷宫、电路迷宫等； 5. 棋类玩具：飞行棋、中国象棋、中国军棋、跳棋、五子棋、大富翁、桌游等； 6. 拼图：四宫格、九宫格、十六宫格、三十二宫格等

以上各区域游戏材料的投放只是一个参考，所列的材料并不是一次性全部投放，应根据幼儿的年龄特点和发展需求有选择的逐步投放，最终目的是不断丰富幼儿的经验，促进幼儿持续发展。

二、区域游戏材料投放实践任务

在幼儿园见习期间，可以了解幼儿园区域游戏材料的投放和动态调整情况，可以参照如表 4-10 所示进行记录。有条件的情况下，尝试自己创设一个区角，参照如表 4-11 所示进行规划。

表 4-10　区域游戏材料投放记录表

年龄班		时间	
区域名称	材料投放	材料调整	调整原因
示例：阅读区	各种适合幼儿阅读的绘本、点读笔、胶水、安全剪刀、透明胶带	增加可自由取放的纸和笔	幼儿在阅读过程中有表达和表征的需求

表 4-11　区角环境创设规划表

区域名称		适用的年龄班	
位置描述		可容纳幼儿数	
隔断和地面设计思路			
背景墙面布置设计思路			
初次投放的材料			
可持续投放的材料			

任务三　创设幼儿园户外游戏环境

《幼儿园工作规程》指出，幼儿园应当制定合理的幼儿一日生活作息制度。在正常情况下，幼儿户外活动时间（包括户外体育活动时间）每天不得少于2小时，寄宿制幼儿园不得少于3小时。从幼儿身心健康发展的角度来看，幼儿园应该重视户外活动，充分利用日光、空气、水等自然因素以及本地自然环境，积极开展适合幼儿的体育活动。幼儿园户外空间可用于幼儿进行户外运动及创造性游戏。

拓展资源 4-3
幼儿园户外环境创设

一、各类户外游戏区域环境的创设

（一）固定运动器械区

固定运动器械区主要指攀登架、滑梯等大型组合玩具和秋千、跷跷板等中型玩具，固定在幼儿园的户外场地，具体如表 4-12 所示。

表 4-12　固定运动器械区材料构成参照表

游戏区域	游戏材料提供
	1. 大、中、小型滑梯（供不同年龄幼儿游戏）； 2. 秋千； 3. 跷跷板； 4. 攀爬架、攀爬网； 5. 绳索； 6. 旋转椅

（二）集体运动场地

幼儿园需要一块较宽敞的、平坦的空间供幼儿开展早操、体育等集体运动，如塑胶跑道、人造草坪、自然草坪等，具体材料提供如表 4-13 所示。

表 4-13　集体运动场地材料投放参照表

游戏区域	游戏材料提供
集体运动场地	1. 风车； 2. 沙包； 3. 飞碟、飞盘； 4. 梅花桩； 5. 轮胎； 6. 篮球、足球、皮球； 7. 彩虹伞； 8. 袋鼠袋； 9. 安吉玩具游戏材料

（三）运动组合器械区

幼儿园可以根据户外环境条件，结合固定运动器械区（攀爬架、滑梯、秋千等）为幼儿设置专项运动区域，一般包括钻爬区、跳跃区、投掷区、平衡区、推滚区等，指向幼儿基本动作与身体素质，如走、跑、跳、攀爬、投掷、平衡、旋转、操控，具体材料提供如表 4-14 所示。

表 4-14 运动组合器械区材料投放参照表

运动类型	游戏材料提供
攀爬	单梯、人字梯、小型攀爬架、安吉大木箱、三层梯滚筒、攀爬网等
钻爬	钻圈、拱形门、梯子、阳光隧道、体操垫、废旧凉席、废旧桌椅等
平衡	平衡车、滚筒、平衡木、S形及波浪形平衡木、固定晃动平衡木、平衡凳、绳索、各种高跷、独角椅、滑板、荡桥、蹦蹦床、木桩、轮胎
旋转	感统器械中的大陀螺和手摇旋转盘（可供1—2个孩子坐在里面旋转晃动）、小型单绳秋千、小铁盘（孩子可坐上去）旋转等
操控	扭扭车、三轮车、滑板车、踩踏车、单人/双人协力车、轮胎、铁环、陀螺等
投掷	沙包、飞盘、降落伞、纸飞机、报纸球、飞镖、套圈、手榴弹、吸盘球、水弹等
球类	皮球、足球、篮球、羊角球、大笼球、羊角球、曲棍球（可自制）、沙滩排球
综合类	呼啦圈、跳绳、轮胎等

（四）休闲娱乐区

闲置的空间，如长廊、花棚等，可以供幼儿观赏、歇息、闲聊、独处、表演等，具体材料提供如表 4-15 所示。

表 4-15 休闲娱乐区材料投放参照表

游戏区域	游戏材料提供
休闲娱乐区	1. 长廊：供幼儿聊天、散步、观赏； 2. 风铃：风吹风铃，感受惬意； 3. 花棚：各种花供幼儿观赏； 4. 茶具：幼儿可进行歇息，或进行角色游戏； 5. 娱乐表演类材料：供幼儿进行自由装扮； 6. 舞台：供幼儿进行表演

（五）小树林和草坪

户外空间宽敞的幼儿园可以栽种各种树木、果木、花木等，并且可以铺设开阔草坪供幼儿休息、观赏、玩耍，具体如表 4-16 所示。

表 4-16　其他户外场地设置参照表

游戏区域	游戏材料提供
小树林	1. 各种果树和花木：如银杏树、樟树、橘类树、白玉兰、芭蕉树等； 2. 竹子； 3. 吊篮，供幼儿休憩； 4. 帐篷
草坪	1. 宽阔的大草坪； 2. 形状各异的小桥； 3. 高低不同的山坡、泥地； 4. 山洞； 5. 滑草板

（六）种植养殖区

户外种植主要指幼儿园种植园地进行的一系列植物管理与科学探究活动。幼儿参与了解植物的生长过程，感受植物的生长变化，是生命教育的最好途径之一。饲养活动是指幼儿园饲养角开展的围绕动物喂养进行的一系列活动，让幼儿照顾小动物，感受人与动物和谐共处的美好。具体材料提供如表 4-17 所示。

表 4-17　种植养殖区材料投放参照表

游戏区域	游戏材料提供
种植区	各种蔬菜，如萝卜、辣椒、玉米、番薯、土豆、大蒜、韭菜、葱、包菜等，供幼儿进行播种、移植、浇水、施肥、拔草、除虫、收获等管理生长的过程

续表

游戏区域	游戏材料提供
养殖区 	1. 家禽：如鸡、鸭、鹅等； 2. 动物：如山羊、孔雀、兔子等； 3. 阳台饲养的蚕、蜗牛、小鱼、蝌蚪等

（七）玩沙玩水区

玩沙玩水是幼儿最喜欢的户外活动之一，沙、水、泥自身所特有的自然、多变的特性，可以带给幼儿更多与自然链接的机会，给予幼儿感官上丰富的刺激和奇妙体验。玩沙玩水区材料投放如表4-18所示。

表4-18 玩沙玩水区材料投放参照表

天然材料	量具、滤器	容器及其他工具
各种沙子	洒水罐和管子	桶、碗、木球、箱、盆、罐、壶、桶、坛子
种子	不同型号的模子	铁铲、耙子
棍棒、冰棒棍	量杯、量匙	勺子
稻草、麦秆	放大镜、镜子	塑料花、树
线、细绳	滤器、蒸屉	烘焙和烹饪器具
嫩枝、小枝、树枝末梢	筛子、滤网	玩具家具
积木	渔网	小旗（标记）
扁平、成片的木头	各种型号的勺子	搅拌、混合工具
昆虫	塑料绘画刮刀	（蔬菜、水果）捣碎器
羽毛	擀面棍	玩具小人
贝壳	小汽车、卡车	小塑料动物、玩具恐龙
各种各样的圆石、鹅卵石	漏斗、园艺工具	滑车、滑轮

在沙水游戏活动中提供丰富多样与多层次性的材料，供幼儿进行自主选择。主要有三类，第一类，取自大自然的天然材料，如沙、土、石、树叶、树枝、花、木头、积木等；第二类为量具、滤器，供给幼儿进行科学探究，如量杯、放大镜、滤网等；第三类为容器及其他工具，供给幼儿装水、装沙或者进行简单的造型装饰。

在基础材料提供后，根据幼儿的兴趣，遵循主题内容，提供与各类主题相符合的各类材料，关注材料的层次性和联结性，一般包含高结构材料和低结构材料（如表4-19所示）。

表 4-19　主题游戏材料投放参照表

沙游戏类型	高结构材料	低结构材料
寻沙之快乐	白沙、彩沙、太空沙、细沙	水
	躺椅	赤脚
	布、水、水果	/
	墨镜、太阳伞	/
学沙之技艺	铲子、耙子	PVC 管
	各种动物模型	较大的木块
	塑料薄膜、塑料袋	树枝
	沙雕的专业工具	竹筒
探沙之奥秘	海底动物模型、陆地动物模型	建构盒子、砖头
	城堡	贝壳
	城市轨道的相应交通工具	毛球、海洋球
	各类装饰类角色人物等	/

（八）涂鸦区

涂鸦游戏是指幼儿通过与丰富多样的涂鸦活动材料直接接触和互动，充分感知、操作、体验、表达，享受涂鸦带来的自信和愉悦的游戏活动，通常可以为幼儿提供如表 4-20 所示的材料。

表 4-20　涂鸦区材料投放参照表

游戏区域	游戏材料提供
涂鸦区	1. 刷子、报纸、海绵、水桶； 2. 粉笔、毛笔、水彩笔、棉签； 3. 墙壁、树木、石头； 4. 靠近水源

二、户外游戏材料投放实践任务

见习或实习期间，注意观察幼儿园的户外环境，了解户外空间的规划和布局情况，可以参照如表 4-21 所示进行记录。

表 4-21 幼儿园户外游戏环境观察记录表

户外环境整体布局

类别	具体名称	数量	发展价值或教育功能
示列：固定运动器械区	户外大型组合滑滑梯	1	健康：攀登、钻爬、平衡、协调等； 社会性：轮流、合作、等待、协商、解决问题等； 学习品质：认真专注、敢于挑战和尝试、善于反思、调整计划等

【思政育人】

党的二十大报告指出"实施国家文化数字化战略"与"增强中华文明传播力影响力"。随着数字技术的快速发展，数字科技与人文艺术领域的结合越来越深入，如运用数字化创新手段将静态的、优秀的艺术作品进行动态化呈现，不仅能为中华文明的传播带来新的活力，还能让幼儿园的环境随着课程或季节等灵活变化。学生在幼儿园实践过程中，可以多关注数字技术在环境创设中运用的方式和方法。

任务四　组织指导区域游戏活动

幼儿园区域游戏活动对幼儿的发展具有重要的意义。为更好地发挥区域游戏活动的价值，幼儿园要充分利用有限空间，科学投放材料；开发活动区的公共价值，尝试打破班级界限；灵活运用各种指导策略，重视教师的积极引导作用。

一、幼儿游戏活动组织与指导

在幼儿园区域活动中，时刻保持观察是最佳策略。幼儿的想象力是无穷无尽的，教师应该对幼儿的活动充分信任。幼儿通过动手操作活动材料，锻炼自己的各种能力。在活动中幼儿会遇到各种困难，教师要时刻关注幼儿的活动，要放手交给幼儿解决，要让他们学会如何解决问题，只有在不断发现、解决、总结后，幼儿才会快速地成长。

（一）游戏开始前的引导

幼儿游戏是一种快乐的、满足需要和愿望的、自发的、不同寻常的行为。游戏开始前的引导多发生在游戏新材料的投放、游戏规则的介绍时。首先，教师可以引导幼儿回顾之前游戏的一些基本情况，再引导幼儿思考本次游戏想玩什么，做出游戏计划；其次，教师可以通过新游戏材料的介绍激发幼儿游戏的兴趣，如游戏材料和记录表的使用等；最后，教师可引导幼儿在游戏中学习保护自己、保护他人等安全知识。

拓展资源 4-4
区域活动前的回顾与计划

游戏前如何引导幼儿使用记录表

教师在引导幼儿学习记录表的使用方法时要处理好几种关系：首先，记录表呈现方式上，可以先全体观看大记录表再个别发放小记录表；记录的时候，从上到下，从左到右，让幼儿有一定的观察与记录顺序；记录主体上，老师先示范再请幼儿来示范。请幼儿示范的目的是检验其有没有真的学会记录；记录内容上，教师只示范部分内容，把大部分的空白交给幼儿去探究发现。

（二）游戏进行阶段的组织与指导

在观察的基础上，教师可以根据指导时介入方式的不同，把游戏指导分为平行式介入法、交叉式介入法和垂直式介入法。平行式介入法：指的是教师在幼儿附近，与幼儿玩材料、情节相同或者不同的游戏，目的是引导幼儿模仿；交叉式介入法：是指教师作为游戏的一个角色进入游戏，通过角色与角色的互动指导游戏；垂直式介入法：指的是当游戏过程中出现严重违规，甚至具有危险性的情况时，教师以本来

拓展资源 4-5
教师介入幼儿区域游戏

的身份直接进入游戏，予以干预，以保证安全。

如何选择游戏介入的方式

幼儿说："老师，您帮我一下。"或许有些老师立马去帮助这个孩子了。其实，游戏中老师介入的方式有很多种。第一种就是平行式介入法：教师可以引导幼儿，"请你看看旁边的小朋友，他有什么发现？"，从而助力幼儿之间模仿学习；第二种方式是交叉式介入法，可以引导幼儿，"老师跟你一起来玩玩，我们一起来试试"。它是指教师与幼儿角色的互动，起到指导幼儿游戏的作用；第三种方式是垂直式介入法。当教师发现这个幼儿和同伴都不会的时候，可以通过示范进行引导。需要注意的是，在游戏中，教师所扮演的角色要践行《幼儿园教育指导纲要（试行）》提出的理念，即幼儿教师要成为幼儿的支持者、合作者、引导者。

（三）游戏结束阶段的评价与反思

游戏后的评价是区域活动的一个重要环节。评价的目的是引导幼儿讲述、讨论、分析，帮助幼儿整理获得的零散经验，引导幼儿修正错误的经验，让幼儿分享成功的快乐，提高对区域活动的兴趣，并对下一次活动提出新要求。

有效的评价不仅能够引导幼儿总结活动成果，而且可以使教师及时发现活动存在的问题。在结束的时候要鼓励幼儿尽可能多地分享和表达。其中，有四个点可以聚焦，第一个是闪光点，也就是幼儿在游戏中比较特别的表现或发现。可以这样来提问："游戏中你有什么开心的事或者你有什么发现？"。第二个分享的点是问题点："你在游戏中遇到了什么问题，你是怎么解决的？"幼儿会表达自己在探究中遇到的问题，如果幼儿自己解决了问题，可以引导其他幼儿学习这个幼儿解决问题的方法；如果问题没有解决，可以引导幼儿一起帮他/她想想办法。第三个点是关键点，也就是发现对于同一任务要求，幼儿不一样的处理方式。第四个是生成点，即生成下一次活动的内容。比如，在活动中，一名幼儿在游戏过程中用3块积木和4个木棍测量了大蒜的高度，很有创意，这便涉及科学探究活动一个非常重要的内容——自然测量，即用身边的自然物进行测量。那么下一次就可以围绕自然测量进行进一步的探究，提供多种材料，鼓励幼儿开展有创意的测量活动。

关键点可以回到活动目标中去找。例如在"对比观察葱和蒜"中，这个活动的目的是鼓励孩子用语言、图画或其他方式表达自己的发现。活动中，幼儿在记录闻到大蒜和葱气味的时候，表达方式是不一样的，这个点就可以拿出来鼓励幼儿大胆说一说自己的发现，给幼儿相互学习的机会。

二、幼儿游戏活动组织与指导实践任务

（一）游戏活动实践任务（如表 4-22 所示）

表 4-22 游戏活动实践任务表

游戏活动实践任务			
游戏活动的准备：编写游戏活动方案（注：提前一周制订好游戏计划，交指导教师审阅）	内容准备	游戏主题	结合幼儿生活经验，满足幼儿自主选择需要来确定游戏的主体
		游戏内容	选择有利于幼儿身心健康的游戏内容
	空间准备	场地的准备	创造条件，设置便于幼儿开展各类游戏的场地
			考虑各类游戏搭配，科学安排场地
		材料的准备	科学地考虑投放材料的种类和数量
			根据幼儿年龄特点和游戏内容投放材料
			明确材料的更换周期和各种玩法
			师幼创造性地自制或利用玩具材料
			考虑到幼儿取放的方便，投放材料
		环境的设置	能结合美观、安全、卫生的要求设置环境
			能结合本班幼儿特点和当前活动布置环境
			引导幼儿参与环境布置
	经验准备		丰富相关经验
游戏的组织	发挥幼儿游戏的自主性		幼儿自主选择主题
			幼儿自主选择角色
			幼儿自主选择材料
			幼儿自主选择玩伴
	观察并记录幼儿的游戏		观察游戏内容
			观察社会交往
			观察语言交流
			观察想象表征
			观察材料使用
	游戏的支持与指导		熟练地掌握游戏的组织环节
			控制游戏的时间、强度和密度
			养成幼儿良好的游戏常规
			把握时机，介入游戏
			以适当的方式介入游戏
游戏结束与讲评	采用多种形式开展游戏讲评		分享游戏经验和情感
			引导讨论和解决游戏中的问题
	对幼儿表现的评价		自主性；积极性；想象力；合作性；问题解决等
			游戏的表达表征
			角色游戏中幼儿的表现：愉快地参与游戏，有明确的角色意识，按角色履行职责，情节丰富，乐于交往
			结构游戏中幼儿的表现：自主选择材料，乐于建构，建构作品能反映事物的主要特征
			表演游戏中幼儿的表现：积极装扮自己，与同伴合作布置场景，运用语言、动作、表情等表现文学作品
	游戏反思与改进		反思、调整
			丰富游戏情节

（二）游戏活动计划（如表 4-23 所示）

表 4-23　游戏活动计划表

游戏类别		时间	自＿＿时＿＿分至＿＿时＿＿分
游戏名称			
游戏目的			
游戏准备			
游戏过程			
开始部分			
基本部分			
结束部分			
成绩	满分	得分	指导教师签字

（三）区域游戏的支持

如表 4-24 所示，结合个人兴趣，针对本班、本园幼儿的参与情况（如幼儿最喜爱或最不喜爱），任选一个活动区进行观察记录，包括幼儿活动情况，教师指导策略等；分析该区域活动的成效，包括环境创设和材料投放、规则设置等是否适宜，入区活动的目的是否达到等，并分析其原因。可用文字与图画或照片相结合的形式进行记录。

表 4-24　区域游戏的观察分析和发展支持表

年龄班：＿＿＿＿＿＿　区域名称：＿＿＿＿＿＿　观察者：＿＿＿＿＿＿

幼儿游戏行为记录：

幼儿游戏行为分析与解读：

续表

游戏支持策略：

任务五 评价和反思游戏活动

游戏评价是幼儿园教育工作的重要组成部分，是帮助教师了解教育对幼儿发展的适宜性、有效性，以及时调整教育工作的良好方式。区域游戏评价的内容需兼顾学前游戏的教育实施与幼儿游戏行为本身，包括环境与材料、内容与组织、幼儿的发展、教师的指导四个方面。

一、幼儿游戏活动的评价

对于幼儿游戏活动的开展，需要在观察的基础上进行评价，游戏观察的方法和评价要点参看项目三相关内容。对于游戏活动本身组织实施情况的评价可以参看如表 4-25 所示的评价标准，根据实际情况灵活运用。

（一）幼儿游戏行为评价

表 4-25 幼儿游戏行为评价标准（参考）

项 目	评 分 标 准	评分
1. 自选情况（5 分）	（1）不能自选（0—1 分） （2）自选游戏玩具（2—3 分） （3）自选活动并约伴（4—5 分）	
2. 主题目的性（10 分）	（1）无意识行为（0—2 分） （2）主题不确定，易受他人影响而变换（3—4 分） （3）自定主题，能很快进入游戏情境（5—7 分） （4）共商确定主题，主题稳定（8—10 分）	
3. 材料使用（20 分）	（1）不会用或简单重复（0—12 分） （2）常规玩法正确熟练（13—16 分） （3）材料运用充分，玩法多样、复杂（17—20 分）	
4. 常规（15 分）	（1）行为有序/基本遵守规则/行为混乱、不守规则（此项共计 5 分） （2）轻拿轻放爱护玩具/基本爱护/不爱护、乱丢玩具（此项共计 5 分） （3）及时收放，认真整理/部分做到/不能整理（此项共计 5 分）	
5. 社会性行为（10 分）	独自游戏、平行游戏、联合游戏、合作游戏（0—10 分）	
6. 同伴交往（20 分）	（1）消极交往：独占、排斥、干扰、破坏、退缩、攻击、对抗（0—8 分） （2）一般交往：交谈逗趣，请求询问，追随模仿（9—15 分） （3）积极交往：互相谦让，轮流合作，协商解决问题（16—20 分）	

续表

项　　目	评 分 标 准	评分
7.持续情况（15分）	（1）频繁变换游戏（多于3次）（0—9分） （2）有一定的坚持性，完成一项活动后再更换，始终持续一项活动（10—15分）	
8.其他（5分）	是否参与环境创设，与教师交往情况（0—5分）	

（二）教师对游戏过程指导情况的评价（如表4-26所示）

表4-26　教师指导游戏情况评价表

项　　目	内　　容	评分
1.引导游戏进程（10分）	依游戏计划引导游戏的整个过程（开始、中间、结束），使游戏顺利开展	
2.教师与儿童相互作用（20分）	教师积极参与游戏，增加与儿童的接触交往，多运用肯定互动，减少否定性接触，以积极饱满的情绪参与游戏	
3.指导的对象与范围（10分）	重点与一般结合，游戏过程中以面向个人的指导为主，逐渐增加对小组的指导，班级教师均应参与指导	
4.指导方法的运用（30分）	能结合儿童年龄和各类游戏的特点，选择适宜的指导方式，并注意综合，能运用多样化的指导方法（如及时提供材料/建议、提问/启发、提供范例/共同参与/行为示范/指导技能/利用儿童之间相互影响等）	
5.指导类型或方式（10分）	指导方式为激励式（非旁观或被动反应式，也非控制导演式），注意引导儿童发现和学习，促进儿童游戏的深入和活动质量的提高	
6.游戏常规的建立（20分）	依据儿童不同年龄，引导儿童在活动中建立必要的游戏常规，结合环境中的自治因素，引导和督促儿童执行常规，逐渐培养儿童在行为方面自律、自治	

（三）游戏环境创设的评价（如表4-27所示）

表4-27　游戏环境创设评价表

肯 定 评 价	5	4	3	2	1	否 定 评 价
1.活动区设置有利于促进儿童身心全面发展，类型与数量适宜						活动区设置类型单一，数量不足或过多
2.各活动区位置适宜						位置不当，如图书区设在楼道
3.各活动区提供的材料、种类、数量适当						材料不足或过多，未体现教育意图
4.活动区的设置与儿童年龄特点和实际水平相适应						活动区的设置与儿童年龄不符
5.能依计划投放和更换材料，变换玩法，激发儿童新需要						材料投放一次性，无变换
6.各活动区之间关系协调						各活动区关系不当，相互干扰
7.因地制宜，充分利用场地						场地利用率低，未依需要加以调整
8.儿童有机会参与环境创设						环境创设由教师包办，儿童无机会参与
9.结合游戏规则的建立，增强环境中的自治因素						环境中无自治因素

续表

肯定评价	5	4	3	2	1	否定评价
10. 自选游戏与集体教学适当联系，相互配合促进						自选游戏孤立进行，未注意与其他教育教学活动的配合
11. 保证集中游戏时间，并充分利用零散时间						时间安排不足或游戏时间无保证

其他需补充的内容：

整体评定：

二、幼儿游戏活动的反思

（一）反思游戏材料的投放

小班的幼儿离开了熟悉的家庭环境，来到了幼儿园，教师尽量营造了"家"的环境，班级内创设了多个娃娃家。教师和幼儿一起用纸箱、积塑等制作了家具，用胶泥制作了蔬菜和餐具，用泡沫制作了电视机，娃娃家里有了孩子们熟悉的桌椅、梳妆台、电视、电话等物品。所有物品的摆放都考虑到小班幼儿的身体特点，便于幼儿拿取和收放。每种材料教师都会引导幼儿学习它的多种玩法，比如以洋娃娃为例，除了可以抱着娃娃玩之外，还可以玩给娃娃洗澡、穿衣、喂饭、带娃娃外出玩的游戏。而对于幼儿都很喜欢的厨房用具，教师更是投放了很多套，保证孩子们更好地玩"烧饭"的游戏。

【反思问题】

1. 教师应该如何投放游戏材料？
2. 游戏材料投放的依据是什么？

【反思依据】

小班的幼儿离开家庭来到幼儿园，教师为幼儿提供了娃娃家。幼儿在熟悉、温馨的环境中更乐意游戏，考虑到小班的幼儿在玩游戏的时候有从众心理，他们常常进行平行游戏，所以，对于幼儿喜欢的厨房用具，教师投放了足够多的游戏材料，以满足幼儿游戏的需要。游戏材料投放分析如表 4-28 所示。

表 4-28　游戏材料投放分析参考表

游戏材料的投放	依　据
教师投放了多套幼儿喜欢的厨房用具	科学地考虑投放材料的种类和数量：小班幼儿常进行平行游戏，同一种游戏材料的数量足够多
创设贴近小班幼儿生活的"娃娃家"游戏区角	根据幼儿年龄特点和游戏内容投放材料：小班幼儿更喜欢与他们的生活联系紧密的游戏内容
每种材料教师都引导幼儿了解它的多种玩法	明确材料的各种玩法：材料是展开游戏的物质条件，幼儿只有明确了材料的各种玩法，才可能展开内容丰富的游戏
运用纸箱等废旧材料制作"娃娃家"的家具等游戏材料	师幼创造性地自制玩具材料：不仅经济、环保，而且能发展幼儿的想象力和创造力
娃娃家的材料都便于幼儿拿取	考虑幼儿取放材料方便：材料的方便取放是游戏顺利进行的保证

【实践任务】

1. 请选择幼儿园内的某个游戏区角，记录该区角投放材料的情况。
2. 将材料投放的分析结果记录在表 4-29 中。

表 4-29　游戏区角材料投放情况记录表

实　践　案　例

游戏材料的投放	依　　据

【拓展反思】

除了上述内容以外，教师在投放幼儿游戏材料时，还可以遵循哪些依据？

【实践育人】

中国著名教育家叶澜教授曾提到，一名教师写一辈子教案不一定成为名师，如果一个教师写三年教学反思有可能成为名师。美国心理学家波斯纳曾提出教师的成长公式是：经验＋反思＝成长。他指出：一个教师仅仅满足于获得经验而不对经验进行深入的思考，那么，即使是有 20 年的教学经验，也许只是一年工作的 20 次重复。反思不是一般意义上的"回顾"，而是反省、思考、探索和解决教育教学过程中各个方面存在的问题。将反思后的计划投入实践，得到新的经验，再对新的经验进行反思，优化经验，如此循环往复，新手教师最终会成长为专家型教师。

（二）反思游戏介入的时机

案例研讨 1　游戏区传来幼儿的吆喝声："三万""二条"。老师循声而去，发现几个小朋友在娃娃家玩打麻将的游戏。一个幼儿跷着二郎腿，正得意扬扬地出牌。另一名幼儿还在数"钱"。老师过去，告诉幼儿："我们小区的居民，都是文明小公民，都不打麻将的，我们小区还有更有趣的活动等着大家去参加呢！"

【反思研讨】

1. 教师如何把握介入幼儿游戏的时机？
2. 介入游戏的目的是什么？

【反思依据】

当幼儿游戏中出现消极内容时，是教师介入的时机。幼儿玩消极内容的游戏，如果没有得到老师及时的指导，会增强游戏的负面效应，此时教师的正面引导尤为重要。

介入幼儿游戏的时机：游戏反映出不符合社会规则的消极内容时。

介入目的：引导幼儿开展适宜内容的游戏。

案例研讨 2　丁丁去娃娃家做客，"爸爸妈妈"拿出很多"糖果"来招待丁丁，丁丁剥开糖纸，就把橡皮泥做的"糖果"放到嘴巴里。老师见状，赶紧过来拿开"糖果"。

【反思依据】

当幼儿游戏中出现安全隐患时，是教师介入的时机。幼儿由于年龄特点的限制，有时难以察觉不安全的因素，需要教师细心观察，及时预见，及时制止不安全的行为。

介入幼儿游戏的时机：游戏过程存在安全隐患时。

介入目的：为了幼儿安全。

案例研讨 3　"美食街"热闹非凡，各种美食摊点都在忙碌地接待顾客，一家点心铺新推出了一种点心，他们邀请了很多路过的人参观点心的制作过程。幼儿拿着刚做好的点心，请教师作出评价。教师仔细地看了点心的颜色、形状和制作过程，作出了点评。

【反思依据】

当幼儿主动请老师干预自己的游戏时，是教师介入的时机。幼儿请老师评价自己点心的好坏，是想得到老师的鼓励和肯定，教师给予幼儿及时的回应，满足了幼儿的心理需求，促进了游戏的效果。

介入幼儿游戏的时机：幼儿主动请老师干预自己的游戏时。

介入目的：积极回应幼儿。

案例研讨 4　医院的"小医生"们正在忙碌地抢救病人，一名幼儿在抢救室边上大声地哼唱着歌曲，"小医生"们的抢救工作受到了影响，老师用手指指墙上的"禁止大声说话"标志，那名幼儿不好意思地笑一笑，安静了下来。

【反思依据】

当幼儿在游戏中出现负面行为或纠纷时，是教师介入的时机。比如，幼儿大声叫嚷，乱扔玩具时，教师就需要针对问题建立起游戏常规，保证游戏的秩序。

介入幼儿游戏的时机：幼儿在游戏中出现负面行为或纠纷时。

介入目的：维持秩序。

案例研讨 5　"超市"里两个小朋友争执不下，一个小朋友把手中的小卡挥舞一下，说刷完卡，给完钱了，要拿东西。超市工作人员不给他东西，老师过去问工作人员："你知道刷卡也可以给钱吗？""知道，我妈妈也这样刷过卡付过钱。可是，我们没有刷卡的机器，他那样挥一下怎么算付钱呢？"老师启发他们说："对呀，得找个刷卡机呀。"一会儿，孩子找到了刷卡机，困难解决了，他们又开心地游戏。

【反思依据】

当幼儿游戏遇到困难时，是教师介入的时机。由于材料、空间、时间等因素都可能给游戏带来困难，造成阻碍，教师为幼儿提供必要的支持不仅能化解这些困难，还能引导幼儿形成遇到困难时想办法解决的态度。

介入幼儿游戏的时机：幼儿游戏遇到困难时。

介入目的：提供支持。

【实践任务】

1. 你是否观察到幼儿游戏中出现过消极内容？你是如何介入游戏的？请你将介入游戏的过程记录下来。

2. 你是否观察到幼儿游戏中存在安全隐患？你是如何介入游戏的？请你将介入游戏的过程记录下来。

3. 幼儿在游戏中是否邀请过你干预他们的游戏？你是如何介入游戏的？请你将介入游戏的过程记录下来。

4. 当幼儿在游戏中出现负面行为或纠纷时，你是如何介入游戏的？请你将介入游戏的过程记录下来。

5. 当幼儿在游戏中遇到困难时，你是如何介入游戏的？请你将介入游戏的过程记录下来。

【拓展反思】

除了上述的介入游戏的时机，教师还可以选择哪些时机介入游戏？教师介入游戏的目的是什么？

（三）反思游戏介入的方法

案例研讨1 悠悠在用积木搭"高楼"，她把小的积木放在下面，大的积木放在上面，结果，"楼"搭不高，也立不稳。搭"高楼"的计划失败了，悠悠很失落。这时，老师也拿着一些积木，坐在她的旁边搭"高楼"，边搭边朝悠悠说："我要把大的积木放在下面，小的积木放在上面，这样我搭出的'高楼'就可以稳稳当当了，看，我成功了！"

【反思研讨】

教师介入指导游戏的方式用了哪些？

【反思依据】

教师在游戏中采用了平行介入的指导方法。在关注幼儿的前提下，教师通过平行示范，使幼儿掌握游戏的技能，也增强了对游戏的兴趣。

介入指导游戏的方式：平行介入法。

介入目的：教师在幼儿附近和幼儿玩相同或不同材料的游戏，便于幼儿模仿；教师给予了幼儿一种隐性指导。

案例研讨2 孩子们在娃娃家玩"端午节"的游戏，他们用彩色纸作粽叶来包粽子，有小朋友提出："粽子有各种口味的，有馅吗？"他们找了一下，没找到合适的馅料，大家都很失望。游戏中断了。这时，老师拿了美工区的豆子、胶泥、小球、皱纹纸团等物品，放在盘子里叫卖："谁买粽子馅料？口味多多，红豆沙、大枣、咸蛋黄、瘦肉……"孩子们很高兴，买了粽子馅，他们又开始了刚才的游戏。

【反思依据】

教师在游戏中采用了交叉式介入法指导幼儿游戏，教师以角色身份参与游戏，不仅使游戏能继续进行，也教育了幼儿：游戏中碰到困难要动脑筋，并且要学会使用替代物开展游戏等。

介入指导游戏的方式：交叉式介入法。

介入目的：当幼儿的游戏需要时，教师以角色身份介入游戏，通过与幼儿互动，达到指导游戏的作用。

案例研讨3 一名幼儿扮演孙悟空的角色，他一会儿像孙悟空那样跳来跳去，一会儿又摆出了武打动作，玩兴奋后，他顺手拿起孙悟空的"金箍棒"在小朋友中间打来打去。老师看到此情况，意识到很危险。赶紧拿走了"金箍棒"，暂停了幼儿的游戏。

【反思依据】

教师在游戏中采用了垂直介入的方法指导游戏。在意识到游戏的危险性时，教师及时地进行了干预，暂停了游戏；教师的指导是显性的。

介入指导游戏的方式：垂直介入法。

介入目的：当幼儿游戏出现严重违反规则或情况危险时，教师直接介入游戏，进行干预，起到明显的介入效果。

【实践任务】

分别运用平行介入、交叉介入、垂直介入的方法指导幼儿的游戏，并将指导情况记录在表 4-30 中。

表 4-30　教师指导幼儿游戏记录表

介入指导游戏的方式	指 导 过 程	指 导 效 果
平行介入法		
交叉介入法		
垂直介入法		

【拓展反思】

根据组织幼儿游戏的实践，总结还有哪些指导游戏的方法？

（四）反思游戏结束后的讲评

案例研讨 1　今天，大班的几个小朋友在玩"订阅报纸"的游戏。他们正在给小区里的"住户"宣传自己的报纸，请"居民"订阅。一些"居民"询问了一下，转身走了。之后来的人就更少了，这时候，一个小朋友提议："我们也进行一些促销活动吧，让订阅我们报纸的人可以抽奖。"很快他们制作了抽奖箱，并且将这个消息发布给"居民"，之后，报纸订阅点热闹起来，大家不仅纷纷订阅了报纸，还积极地参与了抽奖活动，大家都很关心自己是否中奖、中了什么奖。游戏继续进行着。教师在游戏结束后，特别点评了小朋友在碰到没有人来订阅报纸的时候，是如何动脑筋解决了这个问题，使得游戏顺利地进行了下去。

【反思研讨】

教师确定评价内容的依据有哪些？

【反思依据】

本案例中随着幼儿游戏情节的丰富，出现了一些需要解决的新问题。教师抓住这一时机，特别评价了大班幼儿解决问题的能力，符合了大班幼儿发展的需要。因此，是否能满足幼儿发展的需求可以作为评价内容选择的依据之一。

案例研讨 2　一次角色游戏中，优优扮演金沙博物馆的工作人员，她很热心地为"游客"服务，有几个"游客"说："我们在电视上看到金沙遗址有很多演出，我们想要看表演！"优优说：你们可以到剧场看表演。"可是，"游客"认为到剧场看表演，还得重新买门票，他们很不高兴。优优想了一下，赶紧去找剧场协商，希望两家可以合作，让游玩金沙博物馆的"游客"也能免费看到演出商议好后，"游客"高兴地看了表演，两个地方的游戏氛围都热闹起来。在评价环节，老师让优优分享今天的"合作游戏"体验，请更多的幼儿参与到讨论中来，有小朋友说："我们剧场和博物馆合作了，但是我们剧场却赚不到钱了。"优优补充说："剧场和金沙博物馆合作了，赚到的钱，大家一起分！"更多幼儿提出了对于合作的更多的想法。

【反思依据】

为满足游客的需要，优优提出了"合作游戏"的新思路，教师选择了这个内容引导其他幼儿进行评价，能帮助幼儿思考合作的重要性以及如何面对合作中出现的问题，有助于增强幼儿之间的深层次合作，提高幼儿的游戏水平。是否有利于提高幼儿的游戏水平也可作为评价内容的依据。

案例研讨 3　大班幼儿在假期旅行结束后，对乘坐飞机旅游产生了浓厚的兴趣。因为有一些出游的经验，孩子们到小超市，采购了许多他们喜欢的零食，背上背包就出发了。在过"乘机安检口"的时候，"工作人员"发现了很多不能带进去的瓶装饮料。在评价环节，教师引导幼儿思考乘飞机出游时不能携带的物品。

【反思依据】

幼儿出去旅游所带的物品几乎都是家长准备的，当幼儿自己来准备物品时，往往能想到的就是带上喜欢的零食和玩具等，反映出缺乏旅行经验的问题。教师选择乘飞机出游准备哪些物品合理，作为评价的内容，大大丰富了幼儿的知识经验，反映了游戏和生活的联系，实现了评价的教育价值。所以，是否能丰富幼儿的生活经验常常作为确定评价内容的依据。

【实践任务】

1. 请记录一次游戏后的评价。

2. 参考表 4-31，根据此次游戏评价，总结评价的内容以及确定评价内容的依据，并记录在表 4-32 中。

表 4-31 游戏后评价内容及依据参考表

选择的评价内容	确定评价内容的依据
关于大班幼儿解决问题的能力（见案例 1）	评价内容是否能满足幼儿发展的需求
关于幼儿游戏中的合作（见案例 2）	评价内容是否能提高幼儿的游戏水平
关于幼儿在游戏中的知识经验（见案例 3）	评价内容是否能丰富幼儿的生活经验

表 4-32 游戏后评价内容及依据记录表

选择的评价内容	确定评价内容的依据

【拓展反思】

除了上述内容以外，教师在游戏结束后还可以选择哪些评价内容？确定这些评价内容的依据是什么？

案例研讨 4 在今天的游戏中幼儿选择了用多种材料来构建不同的房子，有的幼儿照着图片来搭建，有的幼儿完全凭借想象来搭建，游戏结束后搭建起了好多造型各异的房子。在讲评的时候，教师看到小亮的房子，造型奇特，房子的下面安装了好几个轮子，可以自由地滑动。经过小亮的讲解，大家明白了，原来这是一所"会动的房子"，住户可以将房子很方便地移动到自己想去的地方。教师表扬了亮亮，能够发挥自己的想象力，创造出这么神奇的房子。

【反思研讨】

教师在游戏结束后可以评价幼儿的哪些表现？

【反思依据】

本案例中的老师，不仅能发现幼儿优秀的游戏作品，而且能发现作品背后幼儿丰富的想象力，老师的讲评内容从儿童的想象力入手，既是对小亮的鼓励，也让其他幼儿从小亮的作品中有所收获。可见，教师要善于挖掘幼儿在游戏中多方面的表现，这会使得讲评的内容更加丰富。

幼儿的表现：发挥了想象力。

教师的讲评：表扬小亮，能够发挥想象力，创造出神奇的房子。

案例研讨 5　幼儿本阶段进行的是餐厅、花店、银行的游戏，在游戏中教师观察到有一部分花店的"工作人员"不知道自己该干什么，忘了自己的角色，常在银行和餐厅等别的地方溜达。教师通过观察和了解发现，花店的"员工"都穿着统一的服装，孩子们认为花店员工就是进行插花这一项工作。除了插花以外他们就不知道该做什么了。发现这一问题后，教师制作了小小的身份标志装饰在服装上，有助于提示花店员工的角色，比如，收银员、导购员等。在下一次游戏的时候，教师发现上次的调整对于增强幼儿的角色感很有效，更好地推动了游戏的开展。

【反思研讨】

教师可以从哪些方面反思游戏组织，更好地推进游戏？

【反思依据】

教师对游戏的反思，找到了幼儿角色感不强的问题，找准问题后，教师提出了针对性的措施，使得游戏的效果得到了改善。

反思问题：游戏角色感不强。

改进措施：制作身份标志，增强角色感。

【实践任务】

游戏反思的关键是找出问题，请对你组织的一次游戏进行反思，并提出改进措施填入表 4-33 中。

表 4-33　教师游戏组织自我反思记录表

反 思 问 题	改 进 措 施

【拓展反思】

请总结游戏反思通常从哪些方面进行。针对常见的问题，相应的改进措施有哪些？

【能力拓展】

拓展资源 4-6
游戏印记：幼儿游戏评价的可视化

拓展资源 4-7
借助混龄体育游戏促进幼儿社会性发展

拓展资源 4-8
生态学视野下幼儿园户外游戏环境的意义、特征与优化

【随手记录】

项目五

组织实施五大领域教育活动

【学习目标】

（一）全面了解和熟悉幼儿园五大领域教育活动，感受五大领域对幼儿全面发展的重要性。

（二）能够根据幼儿的需要和兴趣制定活动目标、确定活动内容、有效活动实施、科学评价活动，五大领域教育活动与生活、游戏有机开展。

（三）树立全面发展的观念，激发对幼儿教育工作的兴趣和积极情感，增强专业意识。

【实践内容与要求】

（一）见习：幼儿园五大领域教育工作

要求：观察和记录幼儿园教师开展五大领域教育活动前、活动中和活动后的工作，观察和记录幼儿园教师组织实施教育活动的方法和策略、环节设置、语言表现、师幼互动等。

（二）实习：幼儿园五大领域教育工作

要求：个人完成五大领域教育活动详案至少各1份，并开展相应的五大领域教育活动；能按照教育活动组织要点实施各环节。

【实践安排】

建议安排在大二年级第三、四学期开展，可以集中时间去幼儿园2—3周。

【职业素养】

（一）通过学习五大领域教育活动指导要点，认识到教育教学工作的专业性，增强职业素养和职业认同感。

（二）通过观察幼儿的行为增进对幼儿的了解，树立尊重幼儿、热爱幼儿的信念。

（三）通过五大领域教育活动实施与幼儿的互动，展现师德师爱。

【五大领域教育活动见习/实习计划】（如表5-1所示）

表5-1　学生五大领域教育活动见习/实习计划表

实习生姓名		班级		学校指导教师	
实习幼儿园					
实习班级		幼儿园指导教师		实习时间	
本次五大领域教育活动见习/实习要达到的目标					
学校目标			个人目标		
本次五大领域教育活动要完成的主要任务					

项目五　组织实施五大领域教育活动

续表

要完成的具体内容	

完成每项内容的具体方法	

幼儿园指导教师签字：　　　　　　　　　　　　　　　　　　年　月　日

任务一　掌握教学活动组织实施应知应会

幼儿园的教学活动是班级工作的重要组成部分。它不同于中小学课堂教学活动，有其基础性与启蒙性、全面性与生活性、活动性与直接经验性、整合性和潜在性。此外，幼儿的已有经验是零散的、不系统的，通过系统、有趣的五大领域教育活动能够梳理幼儿的已有经验，并进一步丰富、提高其经验，促进幼儿的全面健康发展。接下来，从幼儿园教学活动开展的若干方面具体了解其组织实施要点。

拓展资源5-1
教育活动的详案撰写

一、活动名称确定

（一）活动名称三要素

一个贴近幼儿的活动名称能唤起幼儿的参与热情，同时也能彰显活动的核心价值。一般来说，活动名称由年龄段、所属重点领域和具体活动名称三个要素组成，如：

中班语言活动：秋天的颜色
中班健康活动：挑战极限——攀爬游戏
大班社会活动：老师真辛苦

需要注意的是，有些所属重点领域可以进一步精确活动类型：
1. 科学领域可分成科学活动和数学活动。
　例如：小班科学活动：甜甜和咸咸
　　　　中班数学活动：数字朋友

115

2. 艺术领域可分成音乐活动和美术活动，而音乐活动可具体为歌唱、律动、音乐欣赏、打击乐活动等，美术活动可具体为绘画、手工、美术欣赏活动等。

例如：大班歌唱活动：小鱼的梦

中班手工活动：给爷爷奶奶的贺卡

此外，若活动既有音乐又有美术，则写"艺术活动"；若活动涉及多领域，则写"综合活动"。

（二）具体活动名称的确定

具体活动名称大致有以下几类。

以事件命名：我们一起搭积木、我和球儿赛跑、去医院看病。

以内涵命名：各族儿童是一家、小脚真能干、哥哥姐姐本领大。

以内容命名：沉与浮、香香的桂花树、甜甜的豆包。

在以内容命名的过程中，可以加入一些形容词进一步明确内容的方向和目标。例如："神奇的磁铁"所强调的"神奇"，其活动目标在于引发幼儿对磁铁特性的兴趣，激发去探究磁铁的愿望；"有用的纸盒"所强调的"有用"则在于引发幼儿变废为宝的环保意识；而"好玩的纸盒"则强调幼儿利用纸盒来进行富有创意的游戏。

具体活动名称的确定还有几点注意事项：

1. 简单、好记、充满童趣。
2. 可陈述句表述，也可疑问句表述。"糖怎么不见了？""怎样正确安装电池？"的疑问句更能激发幼儿的好奇心和探究欲，常用在科学领域。
3. 音乐、美术欣赏、绘本、故事等具体名称用乐曲名、画作名、绘本名、故事名命名即可。

二、设计意图撰写

设计意图主要是简明扼要地阐述活动设计主题内容选材，如内容来源于主题的可说明属于哪个主题的哪个小板块，主题生成的背景，对整个教学活动设计的思路，挖掘该内容（或活动主题）对幼儿所蕴含的教育价值，以及对幼儿未来发展的意义和作用。字数控制在100—300字。"大班体育活动：打沙包"的设计意图如下：

设计意图：

"打沙包"是我国传统的民间游戏，如何让幼儿园的孩子也学会玩这个游戏呢？遵循《3-6岁儿童学习与发展指南》中提出的"最大限度地支持和满足幼儿通过直接感知、实际操作和亲身体验获取经验的需要"原则，让幼儿通过仔细观察和反复大胆尝试，在亲身体验中逐步清晰游戏的玩法和规则，获得相关的游戏经验，在快乐的游戏中不断提高身体的灵活性和反应能力，体验传统游戏的无限魅力！

三、活动目标制定

具体教育活动目标是在一次幼儿园集体教学或小组活动单位时间内所要达成的目标。这种具体的教育活动目标明确，内容精选，教学活动设计也较严密。活动目标影响着整个活动设计、实施与评价，其制定有较多的要求与规范，要符合《3-6岁儿童学习与发展指南》和《幼儿园教育指导纲要（试行）》的精神，也应符合幼儿的认知水平和情感需要。

（一）目标三维度

一般而言，教育活动目标有认知、技能和情感三个维度。认知目标主要包括知识的掌握、理解或回忆、再认识，以及认知能力的形成、发展等方面的目标。技能目标主要包括神经肌肉协调的操作技能、动作技能和行动等方面的目标。情感目标主要包括兴趣、态度、习惯和价值观等方面的形成、发展的目标。每个维度的目标都有常用词语，如表5-2所示。

表 5-2　目标三维度常用词语

目标维度	常 用 词 语
认知	了解、懂得、认识、感知、理解、知道、特征等
技能	掌握、学会、能够、表达、记录、尝试、探索、方法、能力等
情感	喜欢、乐意、愿意、珍惜、兴趣、有趣、意识、情感、精神等

例：中班数学活动：数字朋友

1. 知道相邻数就是比数字少1和多1的数。（认知）
2. 善于合作讨论，能够用准确的语言表达比一个数多1是几，少1是几。（技能）
3. 在游戏中感受数字的奥妙与乐趣。（情感）

小贴士

1. 目标可从认知、情感、技能等方面思考，但不用在目标前标注是否是"认知目标""情感目标""技能目标"；不是所有的活动目标都需要包含认知、情感、技能三类，有些活动只有其中两类目标也可以，但是如果三条目标都是认知或都是情感或技能，就太单一了，显得不够系统，制定目标时要灵活取舍。

2. 一条目标可体现一个维度，也可体现两条维度，即维度可交叉使用。

3. 目标数量不宜过多，重点呈现新的经验和需要重复的重要经验，以2—3条为宜。

4. 目标的书写可按照目标重要性排列，也可按照活动经验获得的先后顺序排列，切不可形成先认知目标、再技能目标、后情感目标的思维定势。

（二）目标具体可操作

如图5-1所示，从这个目标层级关系可以看出，最上位的是领域总目标，最基础的是具体教育活动目标。自上而下,从时限上来看,由远目标到近目标;从表述上来看,由概括到具体。只有具体的活动目标需要老师在设计活动的时候自己制定,而上位的前三类目标最终都要依靠一个一个的具体活动目标来实现,所以设计具体活动目标非常重要。同时在单个具体活动中它也是一个导向,后续的活动准备、活动过程、活动评价都要围绕目标来开展,都是为了实现目标而努力开展。因此,具体教育活动目标应该是具体的、可操作的,需要体现以下三个要素:

1. 行为——做什么;
2. 条件——怎么做;
3. 标准——做到什么程度。

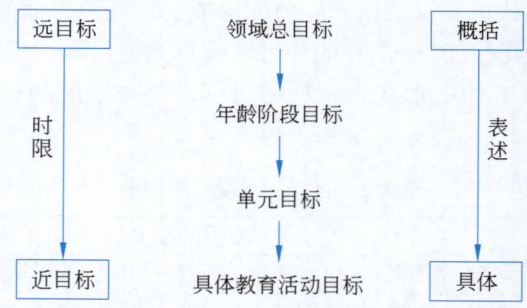

图 5-1　幼儿园课程目标层次示意图

例1:中班音乐游戏:火车快跑
1. 初步熟悉音乐游戏,能够自如地踩着八分音符节奏小步跑。
2. 尝试想出 2—3 种不同的两人"搭城门"的方式。
3. 能够两两结伴,边唱边即兴做动作表演的同时,尽量看着同伴的眼睛开心地微笑。

例2:中班歌唱活动:我的好妈妈
1. 感受歌曲抒情优美的旋律,理解歌词内容。
2. 学会用亲切、喜悦的语调唱歌曲,并能用动作、有表情地表演歌曲。
3. 初步体验到妈妈劳动的辛苦,产生尊敬、关心长辈和他人的情感。

以上两个例子充分地体现了活动目标的三要素。其中,做到什么程度的标准是较为容易被忽略的。两个活动目标中的"初步熟悉""自如地""尝试想出""尽量""初步体验"等词语都清晰地体现了标准。

例3:大班科学活动:变变变俱乐部
1. 懂得事物是可以变化的。
2. 大胆尝试用各种方法改变物体,体验变化的乐趣。

以上活动目标制定得过于宽泛、不具体,对于教师来说,无法抓住科学教育活动的科学关键经验。目标设计没有清晰地凸显幼儿必须通过一个活动要获得的具体科学经验。如果目标设计得再具体一些,教师指导幼儿的学习会更有效。因此,目标可作出如下调整:
1. 尝试通过改变材料的形状、大小、功能等方法(如:揉、剪、贴、

拓展资源 5-2
学前儿童科学教育
的目标

折）使物体发生变化。

2.感受物体是可以变化的，体验变化的乐趣。

值得注意的是，学生经常在情感态度目标上出现宽泛、笼统的表述，如"喜欢参加数学活动""体验科学活动的乐趣""乐意参与体育游戏"等。这样的目标表述适用于所有的所属领域活动，无法知道具体活动内容是什么。若"体验科学活动的乐趣"改为"乐意与同伴交流活动中的感受和发现，体验戏水的乐趣"，目标则具体清晰多了。因此，判断活动目标是否具体可操作还有一个技巧，就是看这个活动目标的适用范围。适用范围越广，越不具体。

（三）目标具有年龄适宜性

具体教育活动目标还要根据幼儿自身的发展水平、经验水平考虑其年龄适宜性，从而使目标的制定既建立在幼儿已有的经验水平上，同时又具有一定的调整性和发展性。若不了解幼儿年龄发展特点，容易出现目标难度过大或简单的问题。《3-6岁儿童学习与发展指南》的年龄阶段目标可以给予学生一定的参考，但最根本的是学生需要仔细观察、了解幼儿的身心发展水平和已有经验。

例4：小班科学活动：圆圆的肚脐

1.通过观察比较，知道每个人的肚脐是不一样的。

2.进一步认识肚脐，了解肚脐的由来。

这个活动目标就很准确，适合小班幼儿。

例5：中班科学活动：摘糖果

1.学习双脚起跳用手摘糖果。

2.体验和教师、同伴一起摘糖果的快乐。

这个活动内容在健康领域的核心经验是双脚起跳，这符合小班幼儿的动作发展水平，可以多加练习，提高双脚起跳的水平，而对于中班幼儿来说过于简单了。

（四）目标从幼儿角度表述

表述具体教育活动目标一般有两种方式：从教师角度表述和从幼儿角度表述。从教师角度表述，发出动作的主体是教师；从幼儿角度表述，发生动作的主体是幼儿。但目前，已达成的共识是，活动撰写从幼儿角度表述。因为活动是幼儿的活动，幼儿是学习主体，目标是需要幼儿达成的，对幼儿有教育价值和发展价值。从幼儿角度表述目标更能体现尊重幼儿的理念。

1.目标从幼儿角度表述的基本格式：省略幼儿主语，直接动词开头。

例如：积极参与赛龙舟游戏，提升腿部力量和协调性。

> 常见的幼儿角度表述动词有：学会、学习、知道、能够、尝试等。
> 2. 目标从教师角度表述的基本格式：省略教师主语，直接动词开头+幼儿。
> 例如：让幼儿在戏水中感受水的特性，知道水有浮力。
> 常见的教师角度表述动词有：让、使、引导、鼓励、帮助等。
> 教师角度表述目标是不可取的，此条小贴士供自查。

【实践育人】

育人为本是教育的生命和灵魂，是教育的本质要求和价值诉求。幼儿是幼儿园教育非常重要的对象，幼儿为本是幼儿园教师的基本理念。教师持有正确的儿童观，以幼儿为主体，就能从幼儿角度表述目标，即从幼儿角度预设幼儿通过这次教育活动能够在认知、技能和情感方面达成怎样的水平，关注幼儿的学习与发展价值。若心中没有幼儿，教师只从自身角度表述目标，教育活动则缺少了灵魂，幼儿感受不到教师更多的关注和关怀。

（五）目标要有可达成度

制定具体教育活动目标时，还要关注所预设目标的可达成度。如果教育活动目标清晰、具体、适宜，但却无法实现，也是一纸空文。因此，活动目标的可实现程度也要特别关注。

例如：大班语言活动：下雪了
1. 自主表达对雪的感受，初步理解下雪与人们生活的关系。
2. 在欣赏与阅读中体会雪花飘舞的情趣。
上述这个活动目标可达成度比较高。

例如：小班科学活动：下雪了
1. 在雪天感受雪花多样、冰冷的特征。
2. 体会雪花飘舞的情趣，感受大自然的神奇。
上面这个活动目标虽然清晰具体，但对于不下雪的南方来说，该活动目标的可达成度几乎为零。这也说明活动开展具有地区适宜性。

（六）目标与内容不能混淆

活动目标是活动结束后幼儿应该能够达到的水平、获得的经验，而活动内容表明的则是活动所要进行的具体内容，两者是不能等同的，不能用活动内容代替活动目标。如"了解码布是整理、测量布匹的一种传统方法，尝试通过同伴合作用码板进行整理、测量布匹"，这个显然是活动内容，而不是活动目标，可修改成"学习用码板码布的操作方法，提高同伴合作水平"。因此，目标应直接、明确呈现经验，而非描述活动内容，也无需呈现途径和方式。

（七）目标具有领域特色

五大领域教育活动有其各自的领域特色和核心经验，仔细研读《幼儿园教育指导纲要（试行）》和《3-6岁儿童学习与发展指南》，可以发现每个领域都可以提炼出一个核心的价值取向,具体教育活动目标应围绕重点领域的核心价值取向来制定。

五大领域教育活动的核心价值取向:
1. 健康活动:生活和运动中的渗透;
2. 语言活动:运用;
3. 社会活动:体验;
4. 科学活动:探究;
5. 艺术活动:感受与表达。

【实践育人】

目标的领域特色是学生特别容易忽视且掌握起来有些难度的制定要求。这提示学生,在目标制定的普遍规律之下,每个领域都有其独特之处,学生应充分了解并学以致用,提升幼儿不同领域的核心经验。这就是具体问题具体分析的方法论,要求学生在做事、想问题时,要根据事情的不同情况采取不同措施,不能一概而论。

一般"活动目标"下面紧接着是"活动重难点"。活动重难点可以是一条,也可以分别列出重点和难点。重难点应与活动目标相一致,不能脱离活动目标另外设定。

四、活动内容选择

活动内容是指依照活动目标选定的、通过一定的形式表现和组织的基本知识、基本行为和基本态度。因此,活动内容的选择范围应该是有助于幼儿发展的基本知识、基本行为和基本态度。接下来,介绍一下活动内容选择的原则。

(一)目标性原则

活动内容是实现活动目标的载体和手段,内容必须紧紧围绕目标来选择,否则,内容将偏离方向,造成活动有效性大大降低。所以活动内容首先要体现出目标性原则。这要求在选择活动内容时要有目标意识,正确理解目标与内容之间的关系,考虑目标所需要的关键学习经验。即日常生活中敏锐观察幼儿,了解幼儿目前的兴趣和需要,有针对性地选择能够促进幼儿当下发展、满足幼儿兴趣和需要的活动内容。

如当幼儿刚进入幼儿园时,幼儿会不同程度地表现出紧张、无助、恐慌、委屈和忧伤,有的会以哭闹、喊叫等冲动的方式呼唤妈妈,有的在潜意识中建立自己的防御机制,表现为固执、压抑。这时,对幼儿充满期待的老师们就将面对新学期的第一个课题:如何安抚幼儿紧张的心理,如何让幼儿尽快适应幼儿园的生活和环境。为此,小班上学期的第一个主题内容一般都是"我上幼儿园了",在该主题下会开展系列具体教育活动,如"幼儿园真大啊""高高兴兴上幼儿园"等。通过活动,幼儿能够尽快熟悉幼儿园环境、教师和小朋友，知道要高高兴兴上幼儿园。

又如，教师发现本班部分幼儿存在不自信的情况，有问题意识、目标意识且负责任的教师会开展增强幼儿自信心的相关教育活动，如借助《我就是喜欢我》《我喜欢自己》绘本开展语言活动，使得幼儿重新认识自己、认可自己、悦纳自己。又如幼儿有进一步与别的小朋友交往的愿望，但又缺乏交往的基本方法，故而交往冲突时常出现。这时，教师可开展"我的好朋友""拉勾勾""交友大行动"等活动，通过活动，幼儿学习交朋友的一些基本方法，树立同伴合作的意识，知道有事要商量、相让，了解好朋友的特点，体验有朋友才快乐的幸福感。

【思政育人】

习近平总书记在全国教育大会上的讲话指出，要在培养奋斗精神上下功夫，教育引导学生树立高远志向，历练敢于担当、不懈奋斗的精神，具有勇于奋斗的精神状态、乐观向上的人生态度，做到刚健有为、自强不息。目标是学习、工作和生活的方向。如果失去目标，无论向哪个方向走都是逆风而行。目标是展现和引领人内心的重要因素。只有跟随自己的内心，做想做的事情，才能事半功倍，目标是动力产生的源泉。目标是实现成功的开始，有目标的人的成功率要远高于没有目标的人。制定目标要切合实际，遵从内心，量化标准，然后朝着目标努力，学习和工作效率将会大幅提升，成功也会愈来愈近。

（二）适宜性原则

选择活动内容的时候，必须要考虑在为谁选择课程。毋庸置疑，幼儿园教育活动是幼儿的活动，不同年龄幼儿的身心发展水平与特点决定了其活动内容不同于其他任何教育阶段。因此，活动内容选择要遵循适宜性原则。

什么是适宜幼儿的活动内容呢？简单来说，就是既适合幼儿的现有水平，又有一定的挑战性。就活动内容而言，在最近发展区的内容是适宜的。最近发展区是指幼儿已有水平与在成人或有能力的同伴帮助下所能达到的潜在水平之间的区域。因此，学生应掌握不同年龄段幼儿的一般特点，精心观察每一名幼儿。

有位学生在幼儿园小班实习时，班级正在开展关于鱼的主题活动，她挑选了一本美人鱼的绘本作为实习临别的礼物。主班老师表达了感激之情后指出："其实这本绘本对于小班幼儿来说太难了，他们理解不了"。这个案例告诉大家，选择活动内容应紧扣幼儿年龄特点和发展水平，适宜的，才是刚刚好的。

（三）兴趣性原则

幼儿要学习的内容很多，有些是他们的兴趣。在兴趣学习的过程中可以看到兴致勃勃、不知疲倦的学习者。相反，则注意力涣散、无所事事。兴趣的高低直接影响活动内容的学习效果。因此，在选择内容时，必须关注幼儿的兴趣，从幼儿感兴趣的事物中寻找富含教育价值的内容。

上文提及一位学生所在实习班级开展有关鱼的主题，就是因为班级自然角新增了一个装有几条金鱼的鱼缸。幼儿被金鱼吸引了，经常去观察金鱼，翻阅鱼缸边上有关鱼的书籍，与同伴交流有关鱼的发现和认识。观察敏锐的教师捕捉到幼儿的兴趣，顺势开展了有关鱼的教育活动。虽然那位师姐根据幼儿的兴趣为他们挑选了美人鱼绘本，但又因适宜性问题，并不适宜小班幼儿阅读与理解。可见，活动内容的选择有诸多讲究，需兼顾。

常见的问题还有幼儿的兴趣与教育的目标不一致。这个问题不解决，就会出现无视幼儿兴趣，或者偏离教育目标的问题。

教师不是盲目地满足幼儿的兴趣，而是需要对幼儿的兴趣进行教育价值和发展价值的判断。

1. 若幼儿的兴趣没有可挖掘的教育价值和发展价值，则不开展教育活动；
2. 若幼儿的兴趣有一定的价值，但还有些偏离，需要教师巧妙引导，将幼儿兴趣转向更有益于发展的方向，开展适宜的教育活动；
3. 若幼儿的兴趣有较大的价值，则开展相关的教育活动。

（四）生活性原则

幼儿处于身心发展的特殊时期，对于他们来说，一些基本的卫生习惯、生活自理能力、与人相处的态度及基本的生活常识等都需要在这一阶段学习，而这些不可能只通过教师的书面讲授、口耳相传获得。幼儿是在生活中学习的。通过生活、利用生活、为了生活的原则就是幼儿园教育活动独特的地方。对于幼儿来说，生活、学习与发展是三位一体的。幼儿的学习还有一个特点就是直接学习，其认识依赖于他们亲身所获得的直接经验。幼儿通过动作以及与具体事物的接触，在生活中尽情地活动和思考。生活是幼儿获得直接经验最理想的场所和最便捷的方式。

因此，在选择教育活动内容时，应尽可能从幼儿的生活中寻找适合教学目标的内容，不要舍近求远、求新求异。要在生活中挖掘课程内容，让幼儿亲身感受，自然学习，再通过生活化的教育活动内容，帮助幼儿整理、提升经验，促进他们更进一步发展。需要注意的是：生活化的教育活动内容不能等同于生活本身，内容的选择应该基于生活而又高于生活。

（五）逻辑性原则

逻辑是指客观的规律性、内在的联系。幼儿所学习的教育活动也是相互联系和有规律的。五大领域中，科学领域中的数学子领域的逻辑性最强，它本身有客观的规律性，内在的联系很紧密，以至于一些幼儿园会把数学子领域单列。科学子领域的逻辑性较数学弱，但内在的联系还是比较突出的。社会、健康、语言和艺术领域同样有其内在的逻辑性。

明确学科所存在的内在规律性，可以通过知识的学习获得，但它只是一个"教学大纲"。在教育活动内容选择的时候，能够心中有"教学大纲"，眼中有"儿童大纲"，才能帮助幼儿在原有水平上获得提高，体现教育独特的价值。

五、活动准备

明确了教育活动目标和内容后，需进行活动准备。准备得越充分越具体，越有利于活动的开展。一般而言，活动准备包括教学环境准备、教师教具准备、幼儿操作材料准备、幼儿知识经验准备，具体来说包括物质准备和经验准备。

物质准备包括围绕教学内容为幼儿提供支持其学习的活动环境、活动材料等。其中，物品需写明数量，以示可操作性，如每人一份、每组一份，尽量使用明确的数字，无法精确表达数量时也可使用"若干"等。有场地布置的教学活动，可画出场地布置示意图。如需要幼儿用书，则放在活动准备的最后一条。活动材料不宜过多、过杂，要从目标和环节的实际需要出发。经验准备根据活动需要设定，可有可无。

六、活动过程设计

活动过程设计是活动实施的前奏，活动过程设计的优劣直接影响活动实施的开展与效果。一般而言，活动过程包括开始部分、基本部分和结束部分。广义来说，活动过程还包括延伸部分。

拓展资源 5-3
平面图形教育活动
的设计与组织

（一）开始部分

开始部分也称导入部分，教师可以采用生动有趣的形式进行导入，充分调动起幼儿的好奇心和积极性，烘托活跃的活动氛围。导入还可以起到引出主题的作用。如小班科学活动"交通工具"可以用火车、汽车、飞机的声音导入，调动幼儿的积极性，使他们专注倾听、激发兴趣。

> 导入形式：故事、儿歌、谜语、声音、情境、谈话、游戏、问题、演示现象、简短的指令等。
>
> 开始部分要以教师引导幼儿思考为主，无论采用什么样的引导形式，都要为幼儿留有充分思考和想象的空间，为接下来的活动环节做好铺垫。

（二）基本部分

基本部分是活动的具体展开，是整个活动最主要的部分，所占时间也是最长的。这部分主要以幼儿学习与探究为主，教师给予帮助为辅。教师应该在提出的启发性问题的基础上，由幼儿充当活动的主导者进行探究式学习，教师进行观察，并在适当的时候给予"支架"支持和回应幼儿，引导幼儿完成学习活动。避免教师讲、幼儿听的"说教式教学"。

该部分可设计几个由易到难的环节，环环相扣、不断深入。如体育活动先"探索方法、学习本领"，再"接力运粮、尝试挑战"；语言活动先"观察画面、猜测联想"，再"复述表演、体会心理"；科学活动先"初次观察、初步感知"，再"再次观察、深入感知"。

（三）结束部分

这部分既要使这一次活动圆满结束，又不能就此结束幼儿的探索。活动结束的设计要充分体现开放性，在形式上不必拘于常规。

结束形式：
1. 展示作品、点评分享；
2. 联系生活、学以致用；
3. 表达交流、活动总结；
4. 提出建议、继续探索。

（四）延伸部分

活动结束，并不意味着活动没有继续学习探究的需要，有些活动会有延伸部分。活动可向区域活动、生活活动、其他领域活动、社区活动及家庭中延伸。活动延伸可以包括重复强调和拓展两种类型，说明向哪里延伸、做什么和怎么做，可巩固什么经验或让幼儿得到什么新经验。如果幼儿教育活动不需要延伸，则可以不写这个环节。

拓展资源 5-4
猜想—验证式科学小实验五步走

拓展资源 5-5
学习使用科技产品或工具活动的设计与组织

活动过程撰写注意事项

1. 教学基本过程的实施要与教育目标相符，过程的表述要科学、完整、简洁明了。

2. 教师能根据教学内容和幼儿实际选择有效的教学策略，激发幼儿的学习兴趣，体现自主性、合作性、探究性、体验式的学习方式，使课程的基本理念得到充分的贯彻和落实；教学过程主次分明，重难点突出，幼儿有思考及交流的空间和时间，师幼互动较好。

3. 注意对教学细节的设计。环节交代清楚，过渡自然，层层深入。活动环节中应说明教师干什么，引导幼儿干什么，每一个环节一定要有幼儿参与，教师的言行以调动幼儿学习为目的，提问要准确并能引发思考。不能全部用教师说的话代替活动过程，多用陈述句表述，教师重要的引导语和关键性提问可以写出来。一般提问后面不用预设幼儿的回答。

4. 准备的材料应该在活动环节中用上，活动中使用的材料应在准备中有交代；任何自编自创的游戏等，必须说明玩法，有故事、诗歌或者儿歌的需要附上故事、诗歌或者儿歌原文。

> 5.大环节后面可视情况写小结,即并不是每个环节后面都要写小结。小结用于归纳总结,使得经验更加系统化。
>
> 6.活动过程设计中数字序号注意级别顺序:"一、""二、""三、"(依次类推),"(一)""(二)""(三)"(依次类推),"1.""2.""3."(依次类推),"(1)""(2)""(3)"(依次类推),"①""②""③"(依次类推)。
>
> 但在实际运用中,一般使用"一、""二、""三、"(汉字数字),"1.""2.""3."(带点序号),"(1)""(2)""(3)"(带括号序号)三组顺序即可;汉字数字后面用顿号,阿拉伯数字后面的标点用黑圆点,带括号的序号和带圆圈的序号后面不再加顿号、逗号之类的标点;不建议用自动编号。
>
> 7.活动过程不一定只有三个大环节,可以是四个或者五个环节,但是过多也是不适宜的。

附教案格式模板:

年龄班:＿＿＿＿＿＿＿ 领域:＿＿＿＿＿＿＿ 活动名称:＿＿＿＿＿＿＿

一、设计意图

二、活动目标

三、活动重难点
1.活动重点:
2.活动难点:

四、活动准备
1.经验准备:
2.物质准备:
3.环境(或者场地布置示意图)准备:

五、活动过程
1.开始环节(引出讨论,点出主题/＿＿导入,激发幼儿兴趣等,标题可以另定,如:角色导入,激发兴趣)

2.基本环节(敏锐观察,积极体验,感知主题等标题可以另定,如:欣赏哑剧,理解绕口令"刷牙"内容)

3. 结束环节（游戏体验，丰富经验，深化主题等标题可以另定，如：深入理解绕口令内容，感受绕口令的发音特点）

六、活动延伸
1. 活动区延伸：
2. 家庭延伸：
3. 社区延伸：
4. 生活活动：
5. 其他领域延伸：

七、附

八、活动反思
1. 本次活动亮点：

2. 本次活动不足之处：

3. 本次活动建议：

注：附与活动反思为非必要要素，视情况来确定是否需要。

七、活动组织实施

活动组织实施是实现活动目标的途径，是静态的活动设计转化为动态的活动实践的过程。虽然活动设计有了，但活动实施依然有诸多内容值得探究。如教师需要处理好活动实施中的预设和生成问题、有效师幼互动的问题等。

拓展资源 5-6
演示—探索式实验探究活动的设计与组织

（一）课程实施中预设与生成的问题

预设的内容大都建立在成人主观预测的基础上，对幼儿不一定是最适合、最有效的。而生成的内容是建立在对幼儿的仔细观察上，因而更符合幼儿的兴趣和需要，更能调动幼儿参与活动的主动性、积极性。这里不得不提及活动实施常见的两种取向。一种是忠实性取向，即教师忠实地执行活动计划的过程，无论幼儿是否已获得经验，或活动难度太大，或幼儿不感兴趣等。这种取向的教师不会处理预设与生成的问题，直接忽视或舍弃了生成。另一种是相互适应取向，即活动计划与现实的实践情境在目标、内容、组织、方法等方面相互调整、相互适应的历程。这种取向的教师必然是眼中有幼儿、心中有教育的，能够密切关注幼儿在活动中的反应和表现，及时调整言行和活动组织，使教育真正成为适合幼儿的教育。

具体来看，当幼儿的兴趣与活动预设不相符时，教师首先需要对幼儿的兴趣点进行判断，判断其是否具有能够促进幼儿发展、有利于达成活动目标的价值。教师可以随幼儿有价值的兴趣点展开活动，生成新的目标与计划，视不同情况，将其在不同时间予以呈现。随机生成的目标可以在预设计划已设计好但未展开时呈现；教师可以在预设计划实施过程中呈现；教师还可以在预设计划完成之后立即呈现。

（二）课程实施中有效师幼互动的问题

师幼互动是课程实施中非常重要的内容。师幼互动是经验的交流和激发，是教师与幼儿精神相遇的过程，通过双方不断地激发、不断地相互交流、相互作用，使幼儿得到长足的发展。

为实现课程实施中有效的师幼互动，需要教师放下权威，与幼儿平等交流。教师主导活动、幼儿是参与活动的主体，这种双主体也说明教师和幼儿需要建立平等双向的主体间关系。互动中，教师要有驾驭能力，不能被幼儿牵着鼻子走，这需要很强的判断力。有些幼儿的提问和反应需要马上给予反馈，有些需要在稍后的时间处理，甚至有些无须处理。只有灵活处理，师幼互动的有效性才不被损害。此外，互动中教师应了解幼儿在某一方面的发展水平，了解幼儿相关的经验储备，依据教学活动的需要为幼儿搭建感悟与理解的支架，使幼儿不断地建构新的认识。

拓展资源 5-7
自由—引导式实验探究活动的设计与组织

小 贴 士

随着幼儿年龄的增长，幼儿注意保持的时间越来越长。因此，不同年龄班教育活动时长也随年龄增长而增长：

小班：10—15 分钟；

中班：15—20 分钟；

大班：20—30 分钟。

此外，活动开始部分和结束部分时间较少，基本部分所占时间较长。

【思政育人】

1978 年 5 月，《实践是检验真理的唯一标准》一文指出，检验真理的标准只能是社会实践，理论与实践的统一是马克思主义的一个最基本的原则，任何理论都要不断接受实践的检验。实践不仅是检验真理的标准，而且是唯一的标准。因此，活动设计后，需要到幼儿园面向幼儿真实开展教育活动，做中学，检验活动设计的合理性，且为接下来的"做中思"提供实践机会。

八、活动评价反思

活动评价与反思有利于诊断教学、了解目标达成度、促进教师教学水平。因此，教育活动结束后，教师需要及时评价并反思。

（一）评价类型

根据不同的分类标准，可以将活动评价划分为不同的类型。

评价类型：
时间：形成性评价（过程性评价）、终结性评价（结果性评价）；
主体：内部评价（自我评价）、外部评价（他人评价）；
方法：定性评价（语言文字）、定量评价（数据量化）；
范围：整体评价、局部评价；
参照：相对评价、绝对评价。

（二）评价基本要素

1. 评价主体

评价主体包括幼儿园园长、教师、幼儿和家长等。不同评价主体有不同的评价视角，多元主体评价有利于保证评价的客观性、科学性。

2. 评价客体

评价客体一般包括活动计划、活动实施、活动效果。对活动计划的评价主要包括：教育活动详案的要素是否齐全、撰写格式是否规范、目标设置是否适宜、重难点把握是否得当、活动准备是否完备、过程设计是否环环相扣，活动延伸是否有效等。对活动实施的评价主要包括：时间把控是否得当、环节衔接是否顺畅、教师语言是否有效、教师教育智慧和技巧如何、幼儿参与度和积极性如何、师幼互动是否高质量、物质准备是否齐全或适宜等。对活动效果的评价主要包括幼儿的发展和教师的行为两方面，涉及态度、情绪、行为方式、方法与技巧，活动目标的达成度等。

3. 活动评价指标和标准

评价指标体系是教育活动评价的范围，即从哪些方面去评价活动；评价标准是根据评价指标体系拟定的每个指标应达到的特点及水平。评价指标和标准可被编制为系统、科学的评价工具，形成评价表。评价工具可分为结构化和非结构化两种，前者在评价方法和评价结果的呈现上更开放灵活，后者则有固定的要求，更便于评价主体的使用。

（三）评价原则

1. 有利于改进和发展课程；
2. 有利于促进幼儿的发展；
3. 以教师自评为主、重视家长参与、鼓励幼儿参与；
4. 客观、真实、自然；
5. 定性评价和定量评价相结合；
6. 正确看待评价结果；
7. 切实发挥评价结果的作用。

【实践育人】

《幼儿园教师专业标准（试行）》指出，幼儿园教师应该坚持实践、反思、再实践、再反思，不断提高专业能力。即幼儿园教师应具有反思性实践能力。具体来看，反思与发展属于专业能力维度，幼儿园教师应该主动收集分析相关信息，不断进行反思，改进保教工作；针对保教工作中的现实需要与问题，进行探索和研究。因此，学生应在教育活动结束后，及时寻求指导教师的评价反馈，虚心求教、深刻反省、总结经验、积极改进、力求进步。

任务二　观察记录教学互动情况

一、幼儿园教育活动观察评价指标

组织实施教育活动是幼儿园教师的典型工作任务，学生在正式实施活动之前，观察幼儿园优秀教师的教育活动组织实施，尤其是观察教学互动情况，总结经验，内化吸收，能够为接下来的活动实施做好准备。

观察幼儿园教师的教学活动不能只是看，也不能仅是一张空白纸的随意记录，哪怕有了观察记录表，也要知晓应该从哪些方面来衡量这个教学活动，以及具体的评价标准。幼儿园教育活动观察评价指标如表 5-3 所示。

表 5-3　幼儿园教育活动观察评价指标

观察指标	评价标准
活动目标	目标达成度好、重难点突破
活动内容	内容选择科学适度，有效支撑活动目标实现
活动方法	突出自主、探究、合作学习方式，活用方法与策略
活动过程	环节清晰、层层递进、环境和材料适宜、师幼互动良好
活动效果	情绪愉快、态度积极，参与度高，有互动
教师素质	教态自然亲切、仪表举止得体、注重目光交流、教学语言规范准确、生动简洁

二、幼儿园教育活动观察

幼儿园五大领域教育活动有多种类型，如幼儿园健康教育活动分为身心保健教育活动和体育教育活动；幼儿园语言教育活动分为谈话活动、讲述活动、听说游戏、文学活动和早期阅读活动等；幼儿园社会教育活动包括社会认知教育活动、社会行为技能教育活动等；幼儿园科学教育活动包括科学教育活动和数学教育活动；幼儿园艺术教育活动包括音乐教育活动、舞蹈教育活动和美术教育活动等。虽然教育活动类型多样，但都遵循幼儿园教育活动设计与实施的基本思路。因此，教育活动观察记录表是一样的，只是在具体实施和记录时有领域和类型的特色，而这是学生要学会区分和掌握的。幼儿园教育活动观察记录表如表 5-4 所示。

表 5-4　幼儿园教育活动观察记录

活动名称	_____班 _____活动：_____		
执教教师		活动时长	
活动目标	1. 2. 3.		
活动准备			
活动过程	教师活动	幼儿活动	备注
活动延伸			
观察评价			

注：重点记录教学互动情况，师幼言行。

任务三　实施评价幼儿园教育活动

一、幼儿园教育活动详案撰写

到幼儿园面向幼儿实施教育活动是检验在学校所学、在园所观摩学习的试金石。一个好的教育活动详案是顺利开展教育活动的有力支撑。任务一已经详细说明了详案的构成部分和写作注意事项。五大领域教育活动详案结构一样，均可使用表 5-5。

表 5-5　幼儿园教育活动详案

活动名称	_____班 _____活动：_____		执教教师	
幼儿班级			执教时间	
活动目标	认知目标			
	技能目标			
	情感目标			

续表

活动重难点	活动重点	
	活动难点	
活动准备	经验准备	
	物质准备	
活动过程	环节 1	
	环节 2	
	环节 3	
	环节 4	
活动延伸		
活动反思		

注：一般而言，活动过程写 4—6 个环节，且环环相扣、层层递进。

二、幼儿园教育活动详案评价

教育活动详案需要根据校内外指导教师和学生的意见一遍遍打磨，才能达到更好的活动效果，这也是对幼儿负责、对实习负责的表现。幼儿园教育活动详案自评、他评表如表 5-6 和表 5-7 所示。

表 5-6　幼儿园教育活动详案自评表

活动名称：_____　　　执教者：_____
幼儿班级：_____　　　时　间：_____

评价指标	评 价 标 准	分值	评价等级				得分
			优秀	良好	合格	不合格	
活动目标	符合《幼儿园教育指导纲要（试行）》《3-6 岁儿童学习与发展指南》要求，幼儿年龄特点，领域的特点；目标具体、清晰，从"三个维度"制定教学活动目标	15	14—15	12—13	9—11	9 以下	
活动重难点	准备把握活动重点和活动难点，并能有效解决重点、突破难点	10	9—10	8	6—7	6 以下	
活动准备	能结合活动内容，选择适宜的材料制作教具、学具，材料丰富，形象生动，色彩鲜艳，操作性强，符合幼儿年龄特点	10	9—10	8	6—7	6 以下	
活动过程	能够设计出结合活动目标的过程性检测活动，设计与幼儿生活实际有联系的探究任务，环节清晰、层层递进，时间分配科学合理	45	41—45	36—40	27—35	27 以下	
活动方法	突出自主、探究、合作学习方式，体现多元化学习方法；实现有效师幼互动	10	9—10	8	6—7	6 以下	
文档规范	教态自然亲切，仪表举止得体，注重目光交流，教学语言规范准确、生动简洁	10	9—10	8	6—7	6 以下	
总　计		100	总　分				
自我评价	详案优点与亮点： 详案存在问题： 我的改进思路：						

表 5-7　幼儿园教育活动详案他评表

活动名称：_____　　　执教者：_____
幼儿班级：_____　　　时　间：_____

评价指标	评价标准	分值	评价等级				得分
			优秀	良好	合格	不合格	
活动目标	符合《幼儿园教育指导纲要（试行）》《3-6岁儿童学习与发展指南》要求，幼儿年龄特点，领域的特点；目标具体、清晰，从"三个维度"制订教学活动目标	15	14—15	12—13	9—11	9以下	
活动重难点	准备把握活动重点和活动难点，并能有效解决重点、突破难点	10	9—10	8	6—7	6以下	
活动准备	能结合活动内容，选择适宜的材料制作教具、学具，材料丰富，形象生动、色彩鲜艳，操作性强，符合幼儿年龄特点	10	9—10	8	6—7	6以下	
活动过程	能够设计出结合活动目标的过程性检测活动，设计与幼儿生活实际有联系的探究任务，环节清晰、层层递进，时间分配科学合理	45	41—45	36—40	27—35	27以下	
活动方法	突出自主、探究、合作学习方式，体现多元化学习方法；实现有效师幼互动	10	9—10	8	6—7	6以下	
文档规范	教态自然亲切，仪表举止得体，注重目光交流，教学语言规范准确、生动简洁	10	9—10	8	6—7	6以下	
总　计		100	总　分				

学生评价	详案优点与亮点：
	详案存在问题：
	针对问题，请提出改进意见：

评价者签名：

注：该评价表的使用对象是高校实习指导教师、幼儿园实习指导教师、学生。

三、幼儿园教育活动反思

组织实施完活动并不意味着结束,还要及时进行活动反思,并将反思内容填写在详案中的"活动反思"一栏。如表 5-8 所示,幼儿园教育活动涉及的要素众多,学生能够反思的内容也很多。

表 5-8 教育活动行为及反思

教育活动行为	指导事件摘要	反思及改进措施
数学教育活动中请幼儿对物品进行分类	在小班"菊花的分类"活动中,教师请一位幼儿按照菊花的花瓣进行分类。该幼儿分类的速度有点慢且分类错误	反思:该活动是在菊花颜色分类的基础上进行的,但由于我没有引导幼儿更仔细地观察菊花花瓣的不同形状,且在语言表述上不够精准,导致幼儿按形状对菊花进行分类的分类标准掌握不足。 改进措施:我应引导幼儿仔细观察并总结菊花花瓣形状,明确分类标准

活动实施与活动计划的碰撞

当真正面向幼儿实施教育活动后会发现,教育活动详案设计得好,并不代表活动实施就一定好。因为详案只能计划教师的言行和据经验预判幼儿的言行,但教育活动是动态的、生成的,幼儿的反应和表现具有不确定性,经常出乎人的预料,而这十分考验教师的教育机智和应变能力,甚至需要打破原来的教育活动计划,以适应幼儿的发展。所以,在活动反思中既要反思教育活动详案的设计,又要反思活动实施中的教师组织和师幼互动情况。

四、幼儿园教育活动实施评价

除了对具体教学事件和行为的反思,还需要借助评价表,系统全面地对教育活动实施进行评价,包括自评和他评(如表5-9和表5-10所示)。执教者需要充分考虑不同主体的评价意见,并将评价结果运用于改进教学,提升教育活动的组织实施能力,提高教学效果,实现幼儿和自身的双维提升。

表5-9 幼儿园教育活动实施自评表

活动名称:_____　　执教者:_____
幼儿班级:_____　　时　间:_____

模块	一级指标	二级指标	满分	得分
教学设计 (20%)	目标设计	能注重幼儿的全面发展和良好行为习惯的培养	8	
		目标全面、具体、适宜,适合幼儿实际		
	内容设计	能结合主题选择幼儿感兴趣的内容	6	
		内容具有针对性,难度与容量适中		
	过程设计	环节设计能满足幼儿的兴趣与需要	6	
		各环节脉络清晰,层次由易到难、层层递进		
教学实施 (60%)	教学氛围	创设民主的教学氛围,与幼儿亲近融合	15	
		环境能引导幼儿自主学习		
	教学内容	内容正确,能发挥幼儿的主动性、参与性和操作性	15	
		内容具有挑战性,面向全体同时注重个别差异		
	教学组织	活动组织有序,层次清晰,重点突出,时间安排合理	15	
		方法手段合理、恰当有效,能服务于教学目标		
	教学效果	幼儿态度积极,情绪良好,思维活跃	15	
		幼儿能力得到发展,目标达成度较高		
教师素养 (20%)	教学语言	语言简练规范,富有感染力,提问有启发性	5	
	教学形象	教态亲切自然,既尊重幼儿,又有适当要求	5	
	教学应变	注意观察幼儿,有较强的沟通回应能力与教学机智	5	
	教学技术	教学资源使用合理,教具准备充分,演示操作熟练	5	
		总　分		
总体评价及建议				

表 5-10　幼儿园教育活动实施他评表

活动名称：_____　　执教者：_____
幼儿班级：_____　　时　间：_____

模块	一级指标	二级指标	满分	得分
教学设计 （20%）	目标设计	能注重幼儿的全面发展和良好行为习惯的培养	8	
		目标全面、具体、适宜，适合幼儿实际		
	内容设计	能结合主题选择幼儿感兴趣的内容	6	
		内容具有针对性，难度与容量适中		
	过程设计	环节设计能满足幼儿的兴趣与需要	6	
		各环节脉络清晰，层次由易到难、层层递进		
教学实施 （60%）	教学氛围	创设民主的教学氛围，与幼儿亲近融合	15	
		环境能引导幼儿自主学习		
	教学内容	内容正确，能发挥幼儿的主动性、参与性和操作性	15	
		内容具有挑战性，面向全体同时注重个别差异		
	教学组织	活动组织有序，层次清晰，重点突出，时间安排合理	15	
		方法手段合理、恰当有效，能服务于教学目标		
	教学效果	幼儿态度积极，情绪良好，思维活跃	15	
		幼儿能力得到发展，目标达成度较高		
教师素养 （20%）	教学语言	语言简练规范，富有感染力，提问有启发性	5	
	教学形象	教态亲切自然，既尊重幼儿，又有适当要求	5	
	教学应变	注意观察幼儿，有较强的沟通回应能力与教学机智	5	
	教学技术	教学资源使用合理，教具准备充分，演示操作熟练	5	
		总　分		
总体评价 及建议				

评价者签名：_____

注：该评价表的使用对象是高校实习指导教师、幼儿园实习指导教师、学生。

【能力拓展】

拓展资源 5-8
基于幼儿园五大领域活动的
劳动教育

拓展资源 5-9
如何利用信息技术优化幼儿
园五大领域教学

拓展资源 5-10
超轻黏土在幼儿园五大领域
教育活动中的运用

【随手记录】

项目六

组织实施综合性教育活动

【学习目标】

（一）全面了解和熟悉幼儿园综合性活动组织与实施，认同实施教育教学工作对于幼儿教师专业成长的意义。

（二）能够理论联系实际进行教学实践，学会与幼儿互动，组织实施幼儿园综合性教育活动，并尝试进行自我反思。

（三）树立"保教结合"的正确教育观念，在教学中做到保育与教育相结合。

【实践内容与要求】

（一）学习幼儿园综合性教育活动组织工作

要求：观察和记录教师教育活动的实施方式和要点；明确教学工作计划，掌握教师的工作职责。

（二）实习幼儿园综合性教育活动工作

要求：个人独立或小组合作组织教育教学活动；能按照教学工作计划组织各环节；对教育教学活动的组织情况进行反思和改进。

【实践安排】

建议安排在大三年级第一学期开展，可以集中时间去幼儿园1—2个月。

【职业素养】

（一）通过学习教育教学工作认识到幼儿教育工作的专业性，增强职业素养和职业认同感。

（二）通过观察幼儿的行为增进对幼儿的了解，以幼儿的兴趣和发展特点出发组织教学活动，树立尊重幼儿、热爱幼儿的信念。

（三）通过教学工作的准备、组织和与幼儿的互动，展现教师的专业能力与素养。

【教学活动实习计划】（如表 6-1 所示）

表 6-1　学生实习计划表

实习生姓名		班级		学校指导教师	
实习幼儿园					
实习班级		幼儿园指导教师		实习时间	
本次教育实习要达到的目标					
学校目标			个人目标		
本次教育实习要完成的主要任务					

续表

要完成的具体内容	
完成每项内容的具体方法	

幼儿园指导教师签字：　　　　　　　　　　　　　　　　　　年　月　日

任务一　组织幼儿园半日活动

一、了解教师的工作职责

（一）幼儿园工作规程对教师的职责要求

《幼儿园工作规程》指出幼儿园的任务是：贯彻国家的教育方针，按照保育与教育相结合的原则，遵循幼儿身心发展特点和规律，实施德、智、体、美等方面全面发展的教育，促进幼儿身心和谐发展。同时，幼儿园还要面向幼儿家长提供科学育儿指导。并且对教师的工作职责做出了明确要求：

1. 观察了解幼儿，依据国家有关规定，结合本班幼儿的发展水平和兴趣需要，制订和执行教育工作计划，合理安排幼儿一日生活；
2. 创设良好的教育环境，合理组织教育内容，提供丰富的玩具和游戏材料，开展适宜的教育活动；
3. 严格执行幼儿园安全、卫生保健制度，指导并配合保育员管理本班幼儿生活，做好卫生保健工作；
4. 与家长保持经常联系，了解幼儿家庭的教育环境，商讨符合幼儿特点的教育措施，相互配合共同完成教育任务；
5. 参加业务学习和保育教育研究活动；
6. 定期总结评估保教工作实效，接受园长的指导和检查。

（二）教师在职责范畴内的具体工作

在上述职责的指导下，教师需要完成以下工作：

1. 在园长领导下，严格遵守园内的生活作息制度，做好本班教育教学工作；
2. 组织好集体教学活动，关注幼儿的活动状态，有计划地进行观察记录，及时进行反思与总结；
3. 组织幼儿户外活动，提供丰富的游戏材料；
4. 做好与幼儿的个别化交流与指导；

5. 与家长进行沟通交流，相互配合完成幼儿的教育任务；
6. 参与园内园外的教育教研活动，提升自身能力。

（三）教师一日工作安排

幼儿园教师要组织一日活动，在职责范围内主要的工作内容和要求如表 6-2 所示。

表 6-2　教师一日工作安排表

时间	项目	内容及要求	教师 1（主班）		教师 2（副班/助教/保育员）	
			站位	过程描述	站位	过程描述
7:50—9:30	来园/户外活动/早操/盥洗/点心	幼儿陆续入园：关注幼儿入园情绪	活动室	观察幼儿在活动或区域里的动向，参与到游戏中去；有计划地进行观察和记录，关注幼儿入园情绪	门口	门口接待，观察就近区域。与家长交流，了解幼儿情绪；与幼儿交流时要蹲下身子抱一抱，顺便检查幼儿口袋危险物品并进行测温与记录
		晨间锻炼：户外：5 种以上器械，体现自主性	户外	参与幼儿的户外运动，适当引导幼儿游戏；要注重观察哪些器械存在隐患；与幼儿交流时要蹲下来小声交流；活动结束后将幼儿分批带入教室	户外	观察幼儿的户外运动情况，融入幼儿游戏中；幼儿的个性表现要随时记录下来；要注重观察哪些器械存在隐患；与幼儿交流时要蹲下来小声交流；活动结束后先整理器械再分批带幼儿回教室
		晨间锻炼：室内：5 种以上器械，体现自主性	室内	参与幼儿的室内运动，适当引导幼儿游戏，要注重观察哪些器械存在隐患，与幼儿交流时要蹲下来小声交流；（进行运动评价）；活动结束后将幼儿分批带入教室	室内	观察幼儿的户外运动情况，融入幼儿游戏中；幼儿的个性表现要随时记录下来。要注重观察哪些器械存在隐患；与幼儿交流时要蹲下来小声交流。（进行运动评价，同时关注幼儿的生活护理）活动结束后先整理器械再分批带幼儿回教室
		早操：能跟着节奏有序进场，精神饱满地做操，动作有力	早操场地	组织好早操活动，教师动作到位，与幼儿有一定的互动；同时有一定的指导语；大班幼儿可以让幼儿上来进行示范；早操结束后，带领一部分幼儿先进入教室洗手吃点心	早操场地	做好随机观察，关注幼儿情绪；教师动作到位，与幼儿有一定的互动

项目六　组织实施综合性教育活动

续表

时间	项目	内容及要求	教师1（主班）		教师2（副班/助教/保育员）	
			站位	过程描述	站位	过程描述
7:50—9:30	来园/户外活动/早操/盥洗/点心	盥洗：正确洗手率达90%以上；主动喝水人数80%以上，饮水量适宜	教室	关注幼儿喝水情况，并指导幼儿做好记录；提醒没喝水的幼儿喝水；关注幼儿的洗手情况，可以和动作快的幼儿进行交谈活动（户外活动后的评价、关于主题等内容）	门口与盥洗室的过道处	观察和指导幼儿如厕情况，语言要亲切；指导幼儿洗手时可配上儿歌；如有玩水的幼儿可轻声提醒；引导幼儿要排队，不推不挤；引导幼儿进行喝水记录，关注幼儿喝水情况
		点心：会根据自己的所需自主选择	教室	关注幼儿的用餐情况，与幼儿进行简单的交流，鼓励孩子不挑食	教室	关注幼儿的用餐情况
9:30—11:00	学习活动/盥洗/自主性游戏	主题下的教学活动：详细的教学设计，预设指导语言。（教学方法3种以上，过程中有主动探索和个别化学习，为生成预留空间；组织形式3种以上，通过提问、追问、反问、提示等方式，形成多回合对话；采用多种学习方式）	教室	组织晨谈，进行集体教学活动（注意点名的方式，最好能与主题相关或者游戏化、小组式的点名）	教室	配合主班教师教学活动，观察幼儿，并对常规进行指导；在户外活动开始前查看并摆放运动器械
		盥洗：正确洗手率达90%以上；主动喝水、喝牛奶人数80%以上，饮水量适宜	教室	关注幼儿喝水情况，提醒没喝水的幼儿喝水；可以和动作快的幼儿进行交谈活动	教室	观察和指导幼儿如厕情况，语言要亲切；幼儿洗手时可配上儿歌；如有玩水幼儿可轻声提醒；引导幼儿要排队，不推不挤
		自主性游戏：连续45分钟以上，同时提供多种选择，至少5种	教室	与多人次进行个别化互动，或者与特定幼儿进行持续的深度个别化互动；运用多种适宜的工具，观察、研究和评价幼儿	教室	协助主班教师维持班级秩序，选择一个点进行定点观察、指导与评价
11:00—12:00	餐前准备/午餐/餐后活动	餐前准备：正确洗手率达90%以上；主动喝水，饮水量适宜	教室	组织幼儿进行简短的餐前谈话活动（可对户外活动进行评价、介绍菜谱或者组织幼儿讲故事等活动）	教室	观察如厕、喝水、洗手的情况

续表

时间	项目	内容及要求	教师1（主班）		教师2（副班/助教/保育员）	
			站位	过程描述	站位	过程描述
11:00—12:00	餐前准备/午餐/餐后活动	进餐：90%以上的幼儿形成良好的用餐习惯和自理能力	教室	鼓励幼儿独立进餐；观察幼儿就餐情况，毛巾按需使用；提醒幼儿饭后漱口	教室	个别幼儿就餐结束后，做好组织活动（看书、谈话、自带玩具、区域游戏等）
		餐后安静的活动	活动室或户外	组织用餐快的幼儿安静活动（散步、区域、自主活动等），避免消极等待现象	教室	关注个别吃饭慢的幼儿
12:00—14:30	盥洗/午睡/起床/点心	必须有睡前音乐或故事；15分钟巡查一次幼儿睡眠情况，根据实际情况预设班级特殊儿童。点心自主拿取；90%以上的幼儿形成良好的用餐习惯和自理能力	午睡室	组织盥洗动作快的幼儿安静午睡，引导幼儿学习脱衣裤并摆放在指定位置；为幼儿讲睡前故事、播放音乐等	盥洗室	协助主班教师做好睡前护理工作；整理幼儿的衣物
			活动室或走廊	组织早醒或者不午睡的幼儿进行看图书、绘画等活动；关注幼儿的盥洗情况，做好幼儿起床后的整理工作	午睡室	引导幼儿学习起床时的自我服务；进行午睡室的整理工作；关注幼儿盥洗和点心情况
			活动室或走廊	引导幼儿自主拿取点心，并吃完自己的一份		
14:30—15:20	户外活动/盥洗	户外自由活动：5种以上器械，体现自主性	户外活动场地	观察幼儿的户外活动情况，融入幼儿游戏中；幼儿的个性表现要随时记录下来；要注重观察哪些器械存在隐患；与幼儿交流时要蹲下来小声交流；准备好吸汗巾，关注幼儿的出汗情况并及时护理；整理器械后将幼儿带回教室	户外活动场地	在活动前把户外器械放在指定位置；观察幼儿的户外运动情况，融入幼儿游戏中；准备好吸汗巾，关注幼儿的出汗情况并及时处理；要注重观察哪些器械存在隐患；与幼儿交流时要蹲下来小声交流；协助主班教师整理器械后将幼儿带回教室
			活动室	盥洗要求同上	盥洗室	盥洗要求同上
15:20—16:00	学习活动/离园	区域活动：每个区块5种以上材料，每种材料5个以上	选择一个区域	观察幼儿在区域里的动向，参与到游戏中去；做好观察记录	选择一个区域	观察幼儿在区域里的动向，参与到游戏中去；做好观察记录
		离园	教室	组织幼儿离园活动，提醒幼儿带好自己的物品	门口	在门口接待家长，可交代配合主题活动的事项

二、组织半日活动策略

组织幼儿园半日活动是参与班级一日生活管理,适应幼儿教师日常工作的重要前提,半日活动的质量能够体现幼儿教师的综合教学能力和调控能力的好坏。因此,需要重点了解幼儿园半日活动内容,掌握组织半日活动的能力。

(一)半日活动的内容

幼儿园半日活动的内容主要可以分为以下几个部分。

1. 生活活动

生活活动实际上可以包括幼儿园一日生活环节在内的整个活动,但在分类上特指的是幼儿的入园、盥洗、进餐、如厕、休息、离园等活动,幼儿的健康状况、饮食习惯、睡眠情况、基本常识、性别知识等都包含在内。生活活动的重点在于能够获得基本的生活常识,培养幼儿的自理能力、安全自护能力,养成良好的生活习惯以及生活节律,熟悉一日生活的流程,为升入小学做好一日常规的准备。

2. 区域活动

区域是指教师按照教学计划或者主题活动要求,根据幼儿的生活经验、兴趣爱好以及身心发展的需要从而投放适宜、丰富的材料,有意识地创设而成的活动区角。区域活动可以在室内或者户外,每个区域在空间布局上既开放又相对封闭。区域活动与其他活动相比有自由性、自主性的特点,能够支持不同水平幼儿的发展,尊重幼儿的个体差异和兴趣爱好,为幼儿提供与材料、同伴、环境交互的机会。

3. 教学活动

教学活动在狭义上来说指的是教师有目的、有计划地组织与实施的正式活动,因此不仅要求有明确的教学目标、教学内容,还要依据幼儿的年龄特点和兴趣选择合适的教学组织形式和教学方法。教学活动与其他活动不同之处在于强调教师在活动中的重要作用,要求有目的、有计划地帮助幼儿获得有益的学习经验。

4. 游戏活动

游戏是幼儿园的基本活动形式,自然的游戏往往没有明确的目标,具有愉悦性、想象性,更多是对成人社会生活的模仿,有商定的游戏规则。但幼儿园的游戏兼具自然性和教育性,因为幼儿园本身就是教育机构,有着自己的教育目标和计划,因此幼儿园的游戏多为教师根据自身需要重新改编自然游戏,从而达到自己需要的教育效果而有目的地设计的游戏。

5. 运动

健康是幼儿学习、发展的基础,运动是健康的源泉。《3-6岁儿童学习与发展指南》中注重强调,发育良好的身体、愉快的情绪、强健的体质、协调的动作、良好的生活习惯和基本生活能力是幼儿身心健康的重要标志,也是其他领域学习与发展的基础。幼儿园每日需要达到最少2个小时的户外活动时间,其中应当满足最低1小时的中高强度体力活动。运动是促进幼儿大小肌肉发育、大肌肉动作以及精细动作发展的重要路径。

（二）半日活动开展的原则

1. 保教结合

保教结合是幼儿园教育的总原则，在生活活动中体现得更明显。保教结合一方面要满足幼儿生活中的基本需要，另一方面要最大限度大发挥生活活动的教育价值。要摒弃保育和教育割裂的错误观念，同时需要保育员和教师在各司其职的基础上相互配合。

2. 计划与生成并重

幼儿在幼儿园的游戏，是教师根据幼儿园的教育目的，利用幼儿"可再造性"的特点，通过创设一定的游戏环境与条件，"再造"出来的游戏。活动前，教师要做好时间、空间、材料与经验上的准备。活动中，教师要仔细观察，及时回应幼儿的需要，抓住介入与干预的时机，根据幼儿的兴趣与需要的变化，及时建构与生成新的课程。

3. 教学情境生活化

传统的教学形式是教师讲授，幼儿倾听，是一种灌输式的教育方式。教学情境生活化能够改变传统的教学方式，使课程内容与幼儿的生活经验相联系，并基于此设置生活化的教学情境，让幼儿在生活或类似生活的情境中学习。从幼儿已有的经验入手，让幼儿在情境中学习是教学情境生活化的理论原点。

任务二　主题式活动应知应会

幼儿园的主题式活动是幼儿园活动开展的常见形式，自《幼儿园教育指导纲要（试行）》颁布以来，很多幼儿园相继开展主题教育研究与实践活动，幼儿园主题活动成为各个幼儿园广泛推崇的教学模式。在探讨儿童学习和发展的研究中，通常可以从儿童发展所涉及的不同心理层面将其人为地划分为若干领域，但事实上，儿童在生活环境中可能感知和获得的领域经验却不是完全独立或割裂的，这也正是教师实施领域整合渗透的主题活动的逻辑基础。主题式活动与传统的教育活动不同，有其特定的内涵以及不同的特点。

一、了解主题式活动的含义

（一）主题式活动的概念

主题式活动是指在一段时间内，教师和幼儿围绕贴近儿童生活和经验的某一中心内容（即主题），作为组织课程内容的主线，借助于环境和多方面资源，师幼共同构建一系列预设和生成的活动。同时，主题式活动旨在让幼儿在活动中自主观察、探索周围现象和事物，与周围人和事物互动的过程中自主建构经验。在此过程中，教师适时适度地予以支持和引导，支持幼儿获得与主题有关的较为完整的知识和经验。

主题式活动是一种研究型的课程，它打破学科领域的界限，根据主题的核心内容，确定主题展开的基本线索，再顺着这些基本线索，确定主题的具体内容，创设相关的教育环境，组织开展一系列教育教学活动。

（二）主题式活动与传统分科教学的区别

与传统的分科教学不同之处在于主题活动更灵活，可以根据时间、季节、节日以及幼儿的兴趣灵活地确定主题的内容，可以定一个需要几个月完成的大主题，或是一个月或半个月完成的小主题，灵活的教学形式是传统的分科教学所不具备的。主题活动更注重幼儿动手能力的培养。每次主题活动都包括相应的区域活动，区域活动是主题教学的一部分。

（三）主题式活动的意义

主题式活动充分调动幼儿的多种感官，并形成多种体验方式，这一复合式活动能够有效激发幼儿学习兴趣和潜能，让幼儿的学习具有主动性和探索性，在促进幼儿全面发展的教育中具有十分重要的意义。同时，主题活动也对幼儿园教师的职业发展起到了推动作用，让教师的教育行为更富有计划性和目的性。

二、主题式活动的特点

主题式活动有其特点，其中较主要的特点如下。

1. 主体性：主题式活动以核心话题为主体，围绕主体展开一系列丰富的活动。
2. 生活性：主题式活动基本以贴近幼儿生活的内容展开，让幼儿有经验基础和共鸣，较强的生活性也有助于保证主题实施的可行性。
3. 预设性：主题式活动多为预设的内容。在主题开始前教师进行预设，形成预设的主题发展网络图，在主题的开展过程中也会有生成内容。
4. 发展性：主题式活动内容一般是连续的、发展的，根据主题内容的设置，由浅入深地发展。
5. 综合性：主题式活动不是简单的发散状，而是既有线性的，也有基于中心的发散，还有彼此之间的相互交织与关联。围绕话题开展的活动涉及五大领域，且包括集体活动、游戏活动、生活活动等，不管是活动内容还是组织形式都有综合性的特点。

三、主题式活动的形成

（一）选择与确定主题

主题的来源包括幼儿的兴趣和需要、幼儿的问题、当下热门的话题、传统节日或节气、绘本或图画书、幼儿的发展阶段、幼儿成长的需要等。

幼儿在种植区里除草时，佳佳发现了艾草："看这是艾草，奶奶就是用艾草做艾粑粑的。"孩子们好奇地围了过去，七嘴八舌地议论："这个艾草是怎么放进艾粑粑的呢？"顺应幼儿对探究艾粑粑的浓厚兴趣，"好吃的艾粑粑"主题活动孕育而生。幼儿通过资料收集、谈话互动、体验实践等提升现有知识经验：艾草是春天里的野草，有一种特殊的气味；艾草捣碎可以做艾粑粑。于是，生成了"好吃的艾粑粑"系列主题活动：艾粑粑体验记——寻访家乡美食；艾粑粑成长记——探究艾粑粑制作方法；艾粑粑健康记——关注健康生活。

【思政育人】

党的二十大报告指出,以社会主义核心价值观为引领,发展社会主义先进文化,弘扬革命文化,传承中华优秀传统文化。在确定主题时,教师应注重体现中华优秀传统文化的渗透,利用社区周边的文化资源,有意识地选择幼儿能够理解、与生活有联系的优秀传统文化内容,变成可以让幼儿直接感知、亲身体验、实际操作的形式,进行文化传承。

(二)拟定主题活动总目标

分析主题的潜在价值(五大领域的发展)、思考主题的潜在方案、确定适宜的主题方案的目标。要体现整合观念,对儿童认知目标、能力目标和情感目标都有总体上的规划考虑。

纸是人类最常用的物质之一,幼儿有许多场合和机会能观察并使用纸,同时纸对于幼儿而言又是好玩的素材;纸是我国四大发明之一,历史悠久,在科技发达的今天纸的用途变得多种多样,而纸的原料、生产过程等都与环保相关,通过开展与纸相关的活动可培养幼儿初步环保意识。

结合大班幼儿已有经验,根据对纸的潜在教育价值的分析,拟定主题活动总目标如下:

1. 对纸感兴趣,知道纸很有用,但来之不易,懂得节约用纸,爱护环境;
2. 能运用各种感官感知、探索纸的特性及其在生活中的运用,愿意将自己的发现和感受与同伴交流、分享;
3. 通过用不同的纸画画、制作玩具等,感知体验不同纸的特点;
4. 学习按纸的某一特性进行分类和统计,计算自己收集的纸制品和制作的玩具数量;
5. 知道造纸术是我国古代四大发明之一,有初步的民族自豪感。

(三)编制主题活动网

形成以中心话题为核心的主题网络图(课程生长树/主题网络图),将计划生发的小主题以树枝状展开进行课程活动的预设。

(四)设计主题系列活动

如图6-1所示,根据主题内容,设计与幼儿生活贴近且幼儿感兴趣的小主题,以及小主题下的一个个系列活动,活动内容需要整合多领域教育内容,推动幼儿多方面发展。

(五)布置活动区角

随着主题脉络的行进,根据主题活动的需要和活动开展的形式,布置相应的主题环境,设置区角支持幼儿对此主题的感知理解、深入探究。

项目六　组织实施综合性教育活动

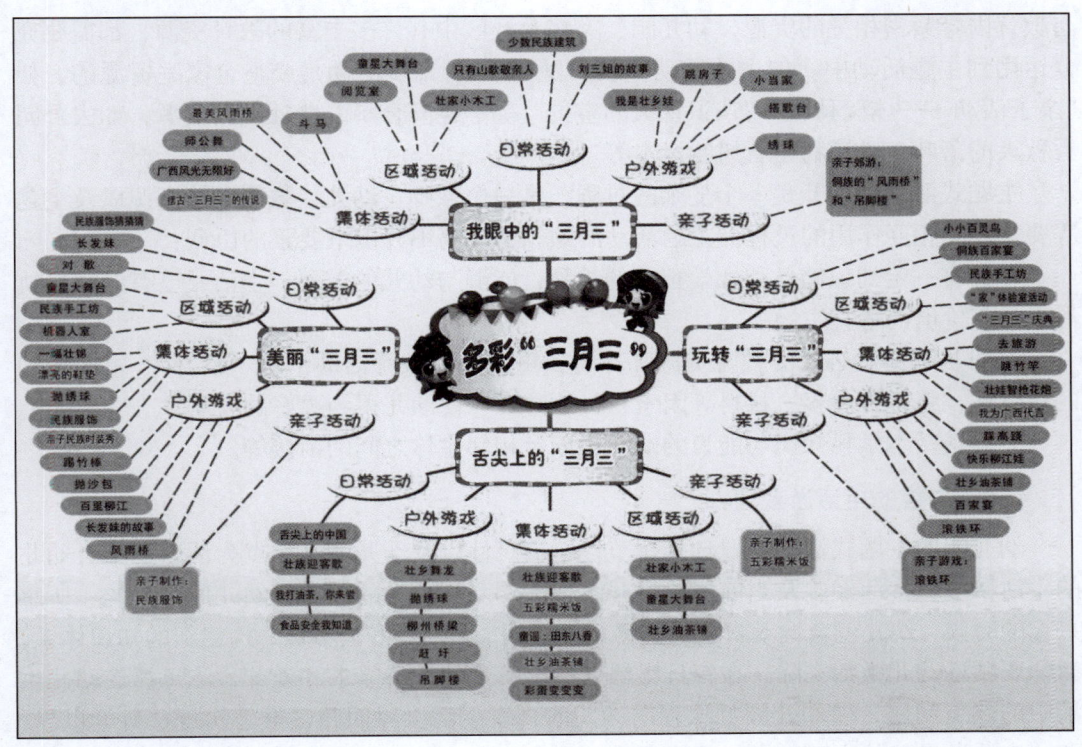

图 6-1　示例：多彩"三月三"

四、主题式活动的实施要点

主题课程的实施，需要秉承"以幼儿发展为本"的主旨，主题统领、领域渗透、教学和游戏相互融合。以发展性、游戏化为原则，以多元互动的情景教学方式来促使幼儿在活动中实现他们共同的发展。

（一）知识的横向联系

主题式活动打破学科领域之间的界限，将五大领域的学习内容进行有机联系，以一个话题为中心进行延伸，均围绕这个话题进行，这样幼儿所获得的经验是完整的。

因为主题活动的中心是幼儿生活中的一个具体的问题和事物，如水果、超市、蝴蝶、食物等，这些事物通常很自然地包含着多个学科领域。从幼儿的角度出发，幼儿也需要对问题有一个较整体的、生活化的认识，而不是虽然精深但却相互割裂的认识。就拿幼儿认识"动物"来说，主题式活动可能会给幼儿有关"动物的外形特征""动物的本领""动物的习性""动物与人的关系"等多方面的经验，这些活动不是让幼儿理解高深的专业性的内容，而是让幼儿感知其与幼儿生活相联系的内容，开展关于动物的主题活动，从而逐步过渡到科学、语言、社会、健康等领域的教育。

（二）资源的整合协调

幼儿所接触的事物通常涉及多个学科领域，主题式活动往往整合了幼儿园内外各种

149

与教育内容紧密相关的资源，幼儿园、家庭及社区中有许多丰富的教育资源，都需要充分运用到主题活动中。如主题活动"秋天里"，就有许多活动是要整合家庭资源的，如"亲子活动——体验秋收""认识秋天的宝贝"等。也整合了一些社区的资源，如去公园看秋天的落叶、去博物馆看树叶标本等。

主题式活动的展开是一个复杂的过程，是一个教师、幼儿、教育环境资源以及主题等要素之间相互作用的过程。主题活动的顺利开展离不开以下要素的协调：

1. 具有一定知识储备和教学智慧的教师，能够与幼儿的需要、生活及已有经验接轨形成具有价值的适宜主题；

2. 幼儿园提供必要的教育资源和环境，重视幼儿教育活动中的"整合"。重视活动的整体性，将各种内容、材料等因素有机地整合，使幼儿得到更好的发展；

3. 具备基本学科知识与能力的幼儿，以及相邻主体之间的衔接等。

（三）内容的生活游戏化

幼儿园的主题式活动一般选择季节性、节日性以及幼儿的兴趣点为话题，结合幼儿的生活情境、生活经验及当前经验展开系列活动。当活动的内容是幼儿所喜欢的、所感兴趣的时候，幼儿就会调动自己的智慧，去探索、去研究、去尝试，构建新的知识体系。教师要贴近幼儿生活实际，在一日生活当中，发现幼儿的需求和爱好，注意抓住幼儿生活中的热点问题，使幼儿园的课程向幼儿的真实生活世界回归，努力实现"科学世界"和"生活世界"的交互融合，最终实现"从生活中来，到生活中去"的理念。当幼儿运用自己所学的知识解决生活中的问题后，学习的兴趣会更浓。

主题式活动中的许多活动都是游戏化的，且具有探索性。幼儿对活动感兴趣，往往边游戏边探索，侧重幼儿动手能力的培养。如"玩水球""会航行的船""会变颜色的水"等都是幼儿十分喜爱的游戏，幼儿在游戏中会获得丰富的知识经验。

（四）计划的动态生成

主题式活动是教师与幼儿在特定的教育情境中，围绕主题开展的开放式探索过程。

主题式活动不仅建立在对幼儿已有经验和活动过程的学习状况有充分了解的基础上展开，且应细致考虑到与主题相关的各种可能性。在活动中要及时捕捉幼儿活动的信息，并及时作出反应，调整计划。所以主题活动的计划是富有弹性的，内容是不断动态生成的。

从主题式活动的目标看，预设与生成目标共同构成了主题活动的目标体系；从活动内容看，教学内容是教师与幼儿在具体的、生动的、动态的主题活动中共同建构、不断创造的结果。因此，不断动态生成的主题式活动目标与不断丰富的主题活动内容赋予了主题式活动动态生成的特性。如主题活动"我长大了"中的"生日晚会"活动，计划本来是在本班开展的，但是教师在活动之前发现小班的幼儿很喜欢和大班幼儿一起玩。于是，教师临时调整计划，和大班的教师商议，两个班合作开展这个活动。通过这样的混龄活动，促进了小班幼儿和大班幼儿的交往，大班幼儿帮助小班幼儿，小班幼儿又让大班幼儿体验到长大后的自豪。

（五）过程的互动探究

幼儿在进入主题课程和探究时，教师最好带着幼儿一点一点探究，而不是进行灌输式的教学，这就是常说的"要让幼儿经历主题探究的过程"。教师不应单纯地追求结果的正确，而应注重了解幼儿在整个探索活动中是否去寻找问题、发现问题，让幼儿有自信、有思想、有自我表现的欲望，有探索、发现、尝试、创作的欲望。

从主题活动的展开和实施，到主题的总结，整个过程不墨守成规，给予幼儿充分自由探索、尽心表现和共同生活的机会。在主题教育的实施过程中，课程的最大价值在于师生之间共同有深度地探讨一个主题，通过自主探究等多样化的研究性学习活动形式，丰富幼儿自身学习生活的经验，培养幼儿自主探究的意识、习惯与能力，发挥幼儿的主动性，促进幼儿的主动探索与学习，引导幼儿在愉快的体验中获得成功与发展。

根据幼儿在主题中遇到的实际问题或兴趣点，教师可创设多样的活动情境支持探索，关注幼儿在主题探索过程中的经历、经验；关注幼儿与环境、同伴、成人互动中的感受、体验；关注幼儿在主题活动中学习品质的培育，让幼儿最充分地展示出他们的学习能力和创造潜能，展示出他们的智慧和个性，满足他们个性发展的兴趣和要求。

> 在主题活动中，注意培养幼儿主动学习的能力，灵活运用"四个尽量"的方法组织主题教育活动：
> 1. 能让幼儿动手操作的尽量让幼儿自己动手做一做；
> 2. 能让幼儿观察的事物尽量让幼儿自己去观察；
> 3. 能让幼儿自己表述内容尽量让幼儿自己去表述；
> 4. 能让幼儿自己做出结论的尽量让幼儿自己通过归纳做出结论。
>
> 这样幼儿通过动手、动脑、动口的训练，使其潜在的各种能力充分得到发掘。

（六）师幼互动的合作引导

在主题教育的实施过程中，师幼关系是平等的。教师与幼儿在学习上是相互促进的合作伙伴，从纯粹意义上的教学计划执行者转向教育实践的研究者。从关注自身的"教"到关注幼儿的"学"，幼儿的学习方式也变了；从原来被动接受式转变为现在探索体验式，整个主题活动中，师幼之间、幼幼之间也建立起一种多元的关系。教师既是活动的支持者、引导者、观察者，也是活动的合作者、研究者、学习者、欣赏者；幼儿是学习者、参与者、评价者，通过参与操作和活动学习，掌握知识或经验，并对他们自己的学习、探索活动进行评价，同时，幼儿又是互动者，能与周围的同伴、成人、材料及其他环境不断地接触、交往。

在主题系列活动中，幼儿是环境的主人。因此，大到主题环境的创设，小到区域材料的投放，都可以放手让幼儿自由设计，鼓励幼儿大胆设计、布置活动室，增强他们的自信，让幼儿觉得"我能干""我能行"。例如在国庆节主题的活动中，老师告诉幼儿："这是你们上次已画好、涂好颜色的少数民族人物的图片。这么漂亮，你们想把它放到哪里呢？"幼儿七嘴八舌地开始了讨论。

幼儿积极、愉快地参与各个环境创设，活动的效果得到逐步提升。幼儿把自己观察到的、听到的以及想到的用印画、手工制作、歌曲舞蹈等各种艺术形式表现出来，充分地表现和表达。在整个活动中，教师始终扮演着一个热情而积极的鼓励者、支持者、合作者、有效而审慎的引导者。

（七）家园共育的充分发挥

家长是幼儿教育中的宝贵资源，它不仅体现在家长与教师合作，支持幼儿成长；还体现在家长参与幼儿园教育工作，成为幼儿教育的一个重要组成部分。活动中需要家长自始至终地参与教育的过程：从问题的提出，资料的收集，到作品的制作，再到各类亲子活动。

教师通过家园联系栏，发放调查表、通知等，以幼儿作为与家长沟通的桥梁，形成合力，使教育获得最佳效果。

任务三　设计开展一个小主题活动

一、主题式活动开展的一般流程

主题式活动的开展一般按照主题前审议、中审议、后审议进行，对主题活动进行预设、开展过程中的问题解决，以及进行主题式活动开展的小结和反思。

（一）主题前审议

主题式活动开始前首先要进行主题前审议，一般包括主题前审议班级自主自审导读，指的是班级教师自行解读相关教师指导用书中的主题资料，完成主题前审议班级自主自审导读表（如表 6-3 所示）。

表 6-3 　　　幼儿园主题前审议自主自审导读表

班级：_____　　　教师：_____　　　时间：_____年___月

主题名称：	
主题目标：	疑惑处请画上横线，并说明认知、技能、情感目标：
幼儿经验调查的关键问题：	调查方式： □ 观察 □ 访谈 □ 问卷
幼儿经验调查结果分析（已有经验、兴趣点）：	资源利用（周边环境资源、家长资源等）：

续表

主题脉络图（用2种颜色，备注为什么调整；班本化体现在哪里，延伸、特色开发、资源开发）：

健康活动园本化（运动区或集体活动等）：

主题前审议，指的是同一年段教师在主题开展前，自主导读后一起进行审议，完成主题前审议年段审议表的过程（如表6-4所示）。

表6-4 _____ 幼儿园主题前审议年段审议表

年龄段：_____ 教师：_____ 时间：_____

主题名称：

对主题目标的理解与把握（关键词）：

幼儿经验调查结果分析（已有经验、兴趣点）：	资源利用：

网络图：

教学活动的调整	教学内容	增、减、合、分	调整原因

续表

重点区域设置的讨论：

园本化：

幼儿评价：

在主题前审议后，可以根据审议结果对主题开展进行预设，分别完成主题资料包中的主题说明、主题进展表、主题下区域计划表、周计划、一日活动计划（如表6-5—表6-9所示），厘清主题相关内容。

表 6-5 　　　　　幼儿园主题说明表

主题名称：_____　　　_____班　第_____周至第_____周

主题说明	环境创设	家园共育	备　注
	1. 主题墙 2. 区域		

表 6-6 ＿＿＿＿＿＿幼儿园主题教育进展表

___学年第___学期　　___年___月___日至___年___月___日　　___班　　主题：＿＿＿＿＿＿＿

主题目标	
主题网络	

表 6-7 ＿＿＿＿＿＿幼儿园主题区域活动计划

___学年第___学期　　___年___月___日至___年___月___日　　___班　　主题：＿＿＿＿＿＿＿

主题目标					
区域名称	内容来源	活动内容	目　标	材料准备	活动提示
探索区					
益智区					
语言区					
美工区					

续表

区域名称	内容来源	活动内容	目标	材料准备	活动提示
表演区					
植物角					

表 6-8 _____幼儿园周计划

班级：_____ 教师：_____第_____周 时间：_____

主　题					
上周回顾		儿童成长目标		家园联系	
指导重点及材料	生活指导重点： 游戏指导重点： 游戏材料： 上午： 重点指导区材料： 下午： 材料： 雨天场地： 材料：			观察与指导重点：	
星　期	星期一	星期二	星期三	星期四	星期五
教育活动	语言： 主题区域： 表演区： 语言区： 数学区： 探索区： 植物角：	艺术：	语言：	科学：	数学：
自由活动 餐后活动	区域： 材料：	区域： 材料：	区域： 材料：	区域： 材料：	区域： 材料：
个别化教育					

项目六　组织实施综合性教育活动

表 6-9　_____学年第____学期_____幼儿园一日活动计划

时间		班级		☐ 主题课程 ☐ 班本课程		
教师				生活老师		记录人

		活动计划					活动反思与调整
运动	户外	固定区：　　　区		循环区：　　　区			
		观察要点：					
	室内	场地： 材料： 观察要点：					
生活活动	活动	如厕/盥洗	午餐及点心	喝水	午睡	生活活动	
	指导要点						
游戏活动	时间	场地、材料及内容		观察要点			
	上午自主游戏	场地： 材料： 内容：					
	餐后自主游戏	场地： 材料： 内容：					
	下午自主游戏	场地： 材料： 内容：					
	统计	☐ 晴天　　☐ 恶劣天气_____ 户外活动累计____分钟　运动时间____分钟　自由活动时间累计____分钟					
学习活动	内容			组织形式			
	主题活动的主要环节及关键问题						
	学习性区域（具体见学习性区域计划表）						

填表说明：1.游戏活动包含上午自主游戏、餐后游戏、下午自主游戏等，时间一栏写出起始时间；2.观察要点可以选择任何环节跟踪性观察或者随机观察；3.活动反思针对一日活动的某几个环节进行反思，并记录幼儿的兴趣点。

（二）主题中审议

在主题式活动开展大概一周至两周的时间后，进行主题中审议，一般需要填写主题中审议前期调查表和主题中审议表。主题中审议前期调查表，指的是各班对于主题初期开展的情况进行小结和初步分析（如表 6-10 所示）；主题中审议，指的是同一年段的教师在主题中审议前期调查后进行集体的中审议，各班分享自己的情况，对共性问题和个性问题进行分析解决，为主题的后续开展做铺垫（如表 6-11 所示）。

表 6-10 _____幼儿园主题中审议前期调查表

班级：_____ 教师：_____ 时间：_____

主题名称：

分享点	
困惑点	
生成点	
需要点：试讲的教学活动	

表 6-11 _____ 幼儿园主题中审议表

年龄段：_____   时间：_____

主题名称：_____

分享梳理	
生成诊断	
试讲过程	活动名称： 活动过程： 活动反思： 调整建议：
下一阶段关注重点	

（三）主题后审议

在主题式活动结束后，进行主题后审议。主题后审议，指的是同一年段的教师在主

159

题后一起审议整个主题开展的情况（如表 6-12 所示）。教师分析幼儿运动评价，讨论主题的调整与生成，形成调整后的主题网络图、优化区角的设置打造优秀的主题环境。同时，还会对在过程中发生的问题点进行讨论并梳理出实施建议，为下一主题的开展积累了经验，奠定了基础。

表 6-12　　　　　幼儿园主题后审议表

班级：_____　　教师：_____　　时间：_____

主题名称：	
幼儿运动评价分析	评价方式： □ 访谈 □ 评价表 □ 问卷
调整后的主题网络图	
区角设置：	
优秀主题环境照片：	
实施建议：	

二、设计开展一个小主题活动

根据以上主题式活动开展的流程及辅助的表格，尝试设计开展一个大班的小主题活动。

要求：主题内容无限制，设计时要注意分析大班年龄特点以及班级幼儿的情况，有针对性地设计此主题内容，目标明确，脉络清晰。

任务四　项目式活动应知应会

项目式活动是指幼儿对其周围环境内值得学习的事件或偶发的现象进行长期、广泛、深入的探究，是一种适合幼儿开展深入探究学习，能有效提高幼儿综合素养的活动。

一、项目式活动的内涵分析

幼儿园项目式活动以幼儿的生活经验和兴趣为基础，以真实的问题驱动为导向，注重持续性探究，强调整合性学习，并以可展示的成果为最终目标的一种活动组织方式。活动的进行过程中，教师要将焦点放在每一个幼儿和他们对此项目有可能产生的经验、知识、技能和兴趣上。以幼儿实际发展情况与身心特点为基准，制订针对性的项目计划，设计驱动性更强的教育活动。在这一要求下，项目式活动因其具备的探究性、全面性、深度性，成为教师促进幼儿思维发展的重要途径，为教师教育教学工作的优化和幼儿思维的发展提供有效助力。

二、幼儿园开展项目式活动应遵循的原则

（一）驱动性原则

项目式活动中幼儿要解决的问题应该与活动主题相契合，并能驱动幼儿自主探索研究不同事物，从而提升解决问题的能力。因此，在开展项目活动的过程中，教师需要以驱动性问题为导向，引导幼儿以自身的经验和想法在项目式活动中进行探索与思考，从而有效促进幼儿的思维发展。

（二）持续性原则

项目式活动需要幼儿经历发现、分析、解决问题的完整过程，需要幼儿自主探索、自主分析、自主研究。教师需要遵循持续性原则，进行阶段性分层，以驱动性问题为导向，引导幼儿以发散性思维进行分析问题，并坚持对活动内容展开讨论，寻找解决问题的可行方案，促使幼儿在完成项目式活动的过程中发展思维能力。

（三）整合性原则

如果项目式活动的内容单一，则会削弱幼儿对活动的兴趣，影响幼儿在项目式活动中的深度探究。为了避免这一问题的发生，教师需要遵循整合性原则，将不同领域、不同事物的内容整合在一起，打造融合性更强的项目式活动，让幼儿在参与活动的过程中感受不同知识的潜在联系、明确综合利用不同知识解决实际问题的方法，促进幼儿多维能力的提升与多元思维的发展。

（四）多样性原则

在逐步推进项目式活动的过程中，教师需要注重丰富幼儿不同方面的经验和知识储备，让其在项目式活动中拥有丰富的经验。为了突破项目式活动的局限性，教师需要遵循多样性原则，丰富幼儿活动的成果展示形式、探究方法等，让项目式活动打破形式和方法上的桎梏，更加顺利地推进，并有效助推幼儿发散性思维的发展。

三、幼儿园开展项目式活动的实施路径

（一）以幼儿兴趣为项目式活动生发点

想要让项目式活动有效促进幼儿的思维发展，教师应该以幼儿的兴趣为先，选定项目式活动主题，以符合幼儿兴趣偏好的主题吸引幼儿的注意力，让幼儿更加主动地参与项目式活动，促使项目活动取得良好育人成效，助力幼儿思维发展。

如何基于幼儿兴趣生发活动

例如，在"小竹林攀爬乐"项目式活动过程中，幼儿园有一片200平方米左右的竹林，里面种满了绿植，属于一个观赏性的场地。每次路过这片竹林，幼儿都会去看看。后来，幼儿园对竹林进行改造，清理多余绿植后，将原本以观赏性为主的竹林转变为竹林运动区，实现了从"好看"到"好玩"的功能升级。竹林运动区的产生，更加激发了幼儿的兴趣，于是教师进行了竹林运动区的价值判断，具体体现在以下三个方面：

1. 兴趣点。幼儿自发地产生想在竹林里进行游戏的欲望，户外运动的兴趣点来源于幼儿的内驱力。

2. 资源点。时间、场地、材料与园本"竹文化"特色，四维保障幼儿户外运动的有效开展。

3. 价值点。运动能力方面，幼儿可以在竹林里跑、躲闪、投掷、攀爬等；学习品质方面，在不断探究与实践的过程中，可以促进幼儿坚持、专注的学习品质；语言发展方面，在探讨的过程中，幼儿的思维能力得到发展，同时架构了语言表达的支架。

基于幼儿的兴趣点和幼儿园的竹林资源，小竹林攀爬运动区的项目式活动自然想到了把竹林和爬竹竿结合在一起，"小竹林攀爬乐"应运而生！

（二）设置问题驱动，逐步推进项目活动

在确定项目式内容后，教师需要着重思考如何让幼儿持续性地参与，循序渐进地完成项目式活动，如何提高幼儿参与度，从而保证项目活动的有序推进，让项目式活动发挥出对幼儿思维发展的助力作用。为了实现这一目标，教师应该注重在项目式活动中对驱动性问题进行有效的价值判断，以问题引导幼儿，从而保证项目式活动持续推进，调动幼儿解决问题的积极性。

项目六 组织实施综合性教育活动

案例：爬竹竿

师：今天上午我们玩了悬挂区，悬挂区有很多好玩的玩法，我们来看个视频，看看你们发现了什么？

师：他是怎么爬上去的？

幼1：首先他是悬挂的，然后再把脚放到手的那里，然后再爬上去的。

师：这位小朋友说得很完整，用了"首先、然后"，还有吗？

幼2：他就是手抓住一根竿，然后手放到脚的那边，一只手抓到上面，然后另外一只脚再踩到上面，接着这个上面的手用力抓紧，再把另外一只手抓上去，最后再爬上去。

师：你说得这么完整，好的，我来看看第一步是干什么？

幼2：第一步，手拉在上面。

师：这是第一步，他将手握在上面的竿上，第二步做什么事情？

幼2：脚放在另外一根竿前面。

师：脚踩在前面，第二根竿的上面，请你来画一下，试试看？

师：这是第二步，第三步是什么呢？

……

在本案例中，教师利用驱动性问题，通过视频讲解的方式帮助幼儿回顾运动过程。通过具体的动作分解，帮助幼儿学习攀爬技能，在这个过程中教师也可以丰富幼儿的词汇量，比如握、架、勾、抱、踩等。运动后的分享解锁了攀爬新技能，无形中增加了幼儿的挑战欲望。通过四个驱动性问题，第一步是做什么，第二步是做什么，第三步是做什么，第四步是做什么，让幼儿的运动过程具体化，把复杂的事情变简单，无形中发展了幼儿的运动思维能力。

（三）实地考察，支持幼儿探索行为

项目式活动需要满足幼儿的探究欲，幼儿可以通过许多渠道学习，如参观当地的一个实际场所或采访当地的专家。任何在幼儿园外进行的活动，都可以看作是实地考察，即让幼儿亲眼见到他们已学到的事物。在项目式活动进行的过程中，实地考察经验是为了引导实地考察工作而设计的。它属于项目式活动进展过程中的一部分，让幼儿有机会到现场研究，也让他们更投入、更深入地去思考主题。

幼儿实地考察的能力可以分阶段逐步培养。第一阶段，幼儿可以采访自己的长辈，了解他们有过哪些与该主题相关的经历；第二阶段，教师将幼儿带出去，到他们可以直接观察到的有关实物、人、事件和过程的社区；第三阶段，幼儿有意识地观察实际场地的不同细节，并会相当有效地记录这些观察，如通过画画、写作及数字相结合的方式记录实地考察看到的现象，幼儿之间的对话等；第四阶段，教师将幼儿的观察到的信息收集到一起，加以分类与梳理，总结出与主题相联系的关键点。

（四）锻炼表达能力，培养幼儿逻辑思维

幼儿可以通过表演、画画、写作、展示及设计图表，来表述他们的经验。幼儿可以综合不同的表述策略，来解释和详述他们的计划，交流他们看到的信息。幼儿表达的机会越多，掌握的表达策略就越多。在进行项目式活动研究时，教师需尽可能让幼儿使用各种策略，同时在工作中提醒幼儿抓住表达的机会，从而推进项目式活动的进程。

（五）文件档案管理，回顾项目式活动

项目式活动的文件档案管理一般包含观察并收集幼儿的作品、文件资料、自我反思和叙述性的学习经验（如表6-13所示）。文件档案的内容可以有轶事记录、幼儿绘画等，并可通过录音、摄影等方式收集。项目式活动中文件档案管理最有价值的作用是如何帮助、引导教师进行项目式活动。在整个项目式活动进行过程中文件档案被收集和分析，以便教师能够快速地了解到每个幼儿知道什么、能做什么并据此判断接下来最好为他们提供哪些材料和工具。

表6-13 文件档案类型及方式

文件档案种类	收集方式
幼儿个人档案资料夹	1. 前书写内容 2. 解决问题的方法 3. 幼儿的作品（纸质、图片） 4. 各类计划
作品 （个人或团体）	1. 轶事记录或者录音片段 2. 收集书写文字或者符号 3. 照片或者图片 4. 游戏扮演的情境
观察	1. 在发展评估表指引上注明的重要的知识和技巧 2. 幼儿感兴趣的表达 3. 幼儿解决问题的方法 4. 幼儿在项目实施过程中的生长点
幼儿自我发展	1. 对于活动的喜好 2. 成功的事件 3. 有意义的偶发事件
经验展示	1. 个人、小组、集体的学习故事 2. 项目式活动的展板 3. 幼儿项目故事书 4. 幼儿项目式活动展示舞台

四、幼儿园开展项目式活动中教师能力发展

（一）教师应具备判断项目式活动主题价值的意识

项目式活动虽然以幼儿的兴趣和生活经验为基础，但这并不是开展活动的唯一条件。项目式活动应对幼儿具有发展价值，所以教师在开展活动前需要对即将开展的项目式活动进行主题价值的判断，不是任由其活动的随意发展。

（二）教师需注重项目式活动的过程性实施

在项目式活动中，幼儿要对某一问题进行长期、深入的探究，进而解决问题，在解决问题的过程中提升各方面能力。项目式活动的架构最主要在于支持幼儿的学习过程，并非追求最后的结果。教师如果将项目式活动简单理解为成果展示，则会把重心放在制作作品与艺术表达上，幼儿在其他方面的探究就会浅尝辄止、流于表面，也就忽视了项目活动本身的价值和意义，所以教师更多需注重幼儿过程性经验的积累。

拓展资源 6-1
示例：项目式主题活动"泥土变变变"

（三）教师应拥有调整活动内容的意识与策略的能力

在项目活动中，由于各种原因，部分幼儿的参与程度可能会越来越低，而这时教师需要根据幼儿的状态调整活动内容的意识与策略，重新激发幼儿对项目式活动的兴趣，从而助推活动持续深入地开展。

【实践育人】

《幼儿园教师专业标准（试行）》提出"幼儿为本""师德为先""能力为重""终身学习"等基本理念。教师在调整活动内容和策略的时候，要注重体现"幼儿为本"的理念。"幼儿为本"即幼儿本位，是"以人为本"的科学发展观在幼儿教育上的具体体现，是幼儿教育本质的重要内涵，也是幼儿园教师应秉持的核心理念。珍惜幼儿的生命，尊重幼儿的价值，满足幼儿的需要，维护幼儿的权利，促进每一个幼儿的全面发展等，是"幼儿为本"的核心内涵。值得学生注意的是，"幼儿为本"不是"幼儿唯一"，许多实例表明，离开了成人的正确理解、引导和支持，幼儿的良好发展是难以实现的。学生在调整活动内容时，一方面要满足幼儿的需要，另一方面也要做到心中有目标，通过活动真正实现幼儿的应有发展。

任务五　设计开展一个项目活动

一、开始项目式活动阶段

项目式活动开始前的工作重点是选择项目式活动的主题，这也是项目式活动的第一阶段，在这一阶段里，教师通过预设或捕捉幼儿的兴趣点来预设主题，并通过教师团体讨论和师幼团体讨论的形式来确定主题的适切性和主题脉络图。项目活动主题的选择来自幼儿的问题、兴趣或教师引发的幼儿感兴趣的问题。项目式活动主题记录表如表 6-14 所示。

拓展资源 6-2
示例："骑乐无穷"实施前审议

表 6-14　项目式活动主题记录表

项目式活动主题来源情况分析
师幼共同经验、幼儿的兴趣、幼儿引发的主题、教师引发的主题等：

续表

项目式活动主题发展目标定位
基于选择主题时的实际考虑，结合《3-6岁儿童学习与发展指南》对各领域进行剖析：

当由幼儿引发或由教师引发的项目式主题确定之后，教师继续对尝试此主题的计划过程进行前审议。如表6-15所示，在价值判断的过程中，从资源和幼儿两方面入手，确定此内容可实施的价值。教师可以预先设计网络图，这张图可以帮助教师思考项目实施过程中可能发展的方向，它必须包括一个中心主题，并分出相关的、多元的子主题。

表6-15 项目式活动实施前审议表

时间		班级	
活动名称		活动类型	
记录人			
价值判断	资源：（周边资源、家长资源、教师资源等） 幼儿兴趣点： 幼儿经验点： 幼儿生长点：		
预设网络图			
支持活动（教学活动、绘本）			

建立一个共同的观点在项目式活动中是很重要的,这会让整个团体有共同参与探索的认同感。如表6-16所示,对整个项目活动中的早期探索的经验有助于建立共享的观点,比如在骑行过程中出现撞车的情况,教师可以如表6-17所示进行引导谈话,建立共同经验。

表6-16 建立师幼共同的经验

发起人	(教师或幼儿)	姓名	
活动时间		地点	
内容记录			
教师分析			

表6-17 建立师幼共同的经验(示例)

发起人	教师	姓名	张老师
活动时间	2025年6月3日	地点	幼儿园
内容记录	为什么会撞车? 瑞瑞:马路上的车子太多了。 子杭:有些小朋友乱骑,没有按照路线在骑车。 汤圆:路太窄了,车子很容易就撞了。 梓轩:骑得太快刹不住车了。 宇权:有人突然改变骑车路线,然后就会撞到别人。 舒棋:骑车的方向不一样,所以就撞上了。		

续表

教师分析	原因： 活动中，教师组织幼儿进行讨论、投票等活动，倾听幼儿，从幼儿的"声音"中，寻找解决的策略，并让幼儿自主尝试选择。最终，幼儿决定使用增加车道的方法。 措施： |	方法	投票
1	慢慢骑	★★★
2	增加车道	★★★★★★★★★★★
3	减少车辆	★★★★★
4	在道上放置指示牌	★★★★★★★	

拓展资源 6-3　项目式活动实施日常记录表

二、发展项目式活动阶段

在开展阶段，教师要重新检视计划的可行性，为探究做准备，并同幼儿一起进行探索，实地调查，通过各种形式对探究结果进行记录（如表 6-18 所示）。

表 6-18　项目式活动发展阶段检视表

重新检视网络图

注重实施过程中的日常记录，在系列问题出现时，教师进行价值判断，寻找出共性的或者有价值的驱动性问题与幼儿进行共同的讨论，寻找解决问题的答案。项目式活动实施日常记录表如表 6-19 所示。

表 6-19　项目式活动实施日常记录表

时间		班级	
活动名称		教师	
驱动性问题			
讨论或探究活动记录			
价值判断或困惑			

在第二阶段的实施过程中，是教师写给家长一封信的好时机，告知家长项目活动主题实施的过程，并且列出幼儿将探究的问题清单，寻求家长的帮助。

在此时期的探究活动包括实地调查、访问专家等形式。项目式活动实地调查表如表 6-20 所示。在进行这些实践时，幼儿尝试以绘画、书写、建构以及表演的方式来呈现他们所学习到的一切。

表 6-20　项目式活动实地调查表

时间		负责教师	
		记录者	
准备材料	记事夹板、记录设备（□照相机、□摄影机、□录音笔）、纸笔和其他材料、袋子 / 箱子或其他收集材料的容器		
采访流程安排			
幼儿采访实录			

三、结束项目活动阶段

在第三阶段,对于幼儿而言,这个阶段的主要任务是要与大家分享什么内容,以及如何与他人分享学到的知识。在这个过程中,教师的工作包括倾听幼儿的表达,同时使用文件档案回顾整个项目式活动的实施过程,并进行整理归档。幼儿分享方式记录表如表 6-21 所示。

拓展资源 6-4
幼儿分享方式

表 6-21 幼儿分享方式记录表

时间			分享者	
收集学习证据	☐ 绘画/写生 ☐ 问题清单	☐ 彩绘 ☐ 游戏	☐ 建筑物 ☐ _____	☐ 文字作品 ☐ 最终版的主题网络图
和谁分享				
如何分享	☐ 展览 ☐ 撰写报告 ☐ 校园公演 ☐ 社区展示	☐ 在游戏环境中进行角色扮演 ☐ 制作个人的剪贴簿或活页本 ☐ 开放给父母参观 ☐ 把项目课程历史书带回家		☐ 编撰课程的历史(过程) ☐ 游戏、戏剧、音乐 ☐ 为父母表演 ☐ _____
分享实录				
幼儿认为他们学到了什么?				

项目式活动如同其他教育经验一样,可以从反省和评估中对整个项目活动开展的过程进行后审议。如表 6-22 所示,可从以下所示的五个审议点进行反馈,从而为后续开展的项目式活动做好铺垫。包括幼儿是否投入或者全神贯注参与活动?项目式活动实施过程中是否具有挑战性和整合性?是否有合作性行为?是否发展了幼儿问题解决能力?是否与幼儿共同成长?

拓展资源 6-5
项目活动后审议(示例)

表 6-22　项目式活动后审议

时间		班级	
课程名称		参与审议人	
记录人			

	审议点	自我诊断
审议内容	幼儿是否投入或者全神贯注参与活动？	
	项目式活动实施过程中是否具有挑战性和整合性？	
	是否有合作性行为？	
	是否发展了幼儿问题解决能力？	
	是否与幼儿共同成长？	
网络调整图		
活动资源	附件：附相应的教学活动、区角活动等设计	
计划下一个项目式活动		

【能力拓展】

拓展资源 6-6
幼儿园班本项目活动
组织与实施策略

拓展资源 6-7
基于项目化学习的幼
儿园主题探究活动

拓展资源 6-8
基于"5E 教学模式"的
幼儿园木工坊项目活动

【随手记录】

项目七

成为合格的准幼儿园教师

【学习目标】

（一）全面了解和熟悉幼儿园班级管理工作，学习开展家长工作和参与教研活动，认同家园共育工作和教研工作的重要性。

（二）能够理论联系实际进行一日活动组织，开展有效的师幼互动，培养幼儿一日生活常规，并尝试进行自我反思。

（三）树立"保教结合"的观念，激发对幼儿教育工作的兴趣和积极情感，增强劳动意识。

【实践内容与要求】

（一）内容：开展实施幼儿园班级管理工作，组织实施一日活动。

（二）要求：根据所在实习班级情况，制订班级学期管理工作计划、月计划和周计划；尝试组织幼儿园一日活动、在一日活动中培养幼儿的生活常规；实践师幼互动的有效策略，协助组织开展家园共育工作、参与幼儿园常规教研活动。

【实践安排】

建议安排在大三年级第二学期开展，可以集中时间去幼儿园14—16周进行顶岗实习。

【职业素养】

（一）通过组织开展幼儿园一日活动认识到保教工作的专业性，增强职业素养和职业认同感。

（二）通过观察幼儿的行为增进对幼儿的了解，树立尊重幼儿、热爱幼儿的信念。

（三）通过保教工作的准备、组织和与幼儿的互动，展现师德师爱。

【学生注意事项】

（一）明确实习目的，了解实习计划，按照有关规定和要求，认真完成各项内容。

（二）熟记实习规定，遵守实习单位的规章制度，按时上班、接班，不迟到、不缺勤。禁止在园内会客、打电话、玩手机、聊天。

（三）尊重实习单位的全体工作人员、本校指导教师、幼儿及家长等，见面应主动问好。

（四）学会沟通，虚心请教听取指导建议；做事积极，主动协助老师做好班级管理工作、组织实施一日活动，整理观察记录、备课、搜集资料等，努力做到学、思、行相结合。

（五）注重仪容仪表和言行举止符合行业规范要求，注重保持良好的精神状态到岗，着装便于岗位工作，不披头散发，不穿高跟鞋、拖鞋、吊带、露脐衣、低腰裤、短裙和短裤等，不涂抹指甲油、不化浓妆、不戴首饰等。

（六）关爱幼儿，公平地对待每一位幼儿，尽早熟记幼儿的姓名（包括昵称）、习惯、特点等。

（七）做好自我管理，贵重物品不带入园，必需的私人物品（如水杯、背包等）经询问所在班级老师后，放到指定位置。

（八）团结友爱，合作互助，共同维护班集体、学校的形象、声誉。

（九）严格执行请假制度。请假半天由带队老师审批，请假一天及以上由学院领导审批，按规定办理请假手续。所有请假手续都须记录在《见实习总结》中，缺席超过见习时间三分之一，实习成绩为不合格。

（十）按时完成实习考核项目，按要求做好实习总结。

【校内指导教师职责】

（一）实习前

1. 指导学生联系确定岗位实习幼儿园。

指导学生联系确定岗位实习幼儿园、签订岗位实习三方协议并上传平台。

2. 召开实习动员会。

帮助学生明确本次实习目的、内容与要求、考核项目、考核评定办法等；指导学生规划实习准备工作；引导学生正视本次实习。

3. 指导学生做好实习准备。

主要有：回顾相关课程知识要点，如"幼儿园班级管理""幼儿园家园共育""幼儿园课程"等；学习领会《幼儿园工作规程》《幼儿园教育指导纲要（试行）》《3-6岁儿童学习与发展指南》《幼儿园教师专业标准（试行）》等文件精神；储备相关技能，包括幼儿故事、儿歌、手指游戏等，各项不少于3个；准备实习相关材料，如笔记本、笔等。

4. 提示学生往返实习单位的线路，注意交通安全。

5. 强调安全事项，注意自身安全、幼儿安全等，妥善保管好自己的贵重物品。

（二）实习中

1. 定时定期对学生的顶岗实习任务完成情况进行检查、反馈与指导；提示学生按照要求及时完成实习项目。

2. 关注学生的人身安全并及时进行安全教育。

3. 与幼儿园实习指导教师建立联系并及时沟通协调顶岗实习相关事宜。

4. 收集学生的问题、困惑、需求等并及时解决问题。

（三）实习后

1. 检查验收相关材料，客观评定实习成绩。

2. 组织做好总结、评优工作，指导学生采用多种方式交流经验、汇报展示。

3. 做好实习指导总结，完成"实习指导工作总结"一篇，总结本次实习基本情况、突出优点、存在问题等，并提出可行性建议。

【幼儿园指导教师职责】

（一）实习前

阅读实习计划，明确实习目的、内容与要求、考核项目、考核评定办法等。

（二）实习中

1. 向实习生介绍班级情况、幼儿情况，分享保教工作经验。

2. 向学校指导老师介绍学生实习表现，反馈实习中存在的优点和不足。

3. 指导学生开展实习活动，提示学生按照要求及时完成实习项目。

（三）实习后

1. 客观评定实习成绩，写出评语，全面评价学生实习期间的思想、行为和成效等情况。

2. 填写《岗位实习成绩评定表》，交给本单位实习负责领导审核并盖单位公章。

【岗位实习计划】（如表 7-1 所示）

表 7-1 学生岗位实习计划表

实习生姓名		班级		学校指导教师	
实习幼儿园					
实习班级		幼儿园指导教师		实习时间	
本次岗位实习要达到的目标					
学校目标			个人目标		
本次岗位实习要完成的主要任务					
要完成的具体内容					
完成每项内容的具体方法					

幼儿园指导教师签字：　　　　　　　　　　　　　　　　　　　　　　　　　　年　　月　　日

任务一　掌握班级管理应知应会

　　班级管理作为幼儿教师的主要工作任务之一，是幼儿园最基础，也是最核心的管理工作。从其实施的流程来看，可分为班级管理的计划制订、班级管理的组织实施和班级管理的总结评价三个环节。

一、班级管理的计划制订

　　班级管理计划按其计划时长的不同，可分为长期计划、中期计划和短期计划。长期计划一般是指对班级管理工作所做的较长时间的规划，如班级的三年管理工作计划。中期计划指对班级管理工作的某个阶段的规划，如学年工作计划。而短期计划则特指学期工作计划、月计划、周计划和日计划等。

　　一般情况下，幼儿园班级管理的具体计划以要求制订短期计划居多。因此，保教人员在制订短期计划时，需以幼儿园的整体管理计划要求为前提，在遵循保育和教育相结合原则的基础上，立足本班幼儿身心发展实际，剖析班级现状、存在的优劣势，确定需进一步完善的内容与具体方式，以保障班级管理计划的有效性与可实施性。

一个切实可行的班级管理计划一般应至少解决以下五个问题，即是什么（What）、为什么（Why）、怎么做（How）、什么时候做（When）、谁来做（Who）。

1. 是什么（What）——即对班级的现状进行详细的描述，分析当前班级管理工作中的优劣点，明确需要进一步完善或改进的方面，确定班级管理工作的目标与重点。

2. 为什么（Why）——即对所确定的班级管理目标与重点进行分析，分析为什么会出现这样的现象或结果？如在盥洗环节，为什么小朋友洗手时总是会弄湿衣袖？是水流太大还是盥洗台高度不够？需要找明原因，对症下药。

3. 怎么做（How）——即根据对班级管理目标与管理重点原因的分析，提出可实现目标的具体措施和方法，制订切实可行的具体计划与实施要点。

4. 什么时候做（When）——即确定班级管理计划中各项工作实施的具体时间和进度安排，确保计划能如期实施并达成预期目标。

5. 谁来做（Who）——即根据班级管理计划与实施要点，明确班级不同人员的职责分工，确保预期目标的顺利达成。如哪些工作是教师可以做的，哪些工作是幼儿可以做的，而哪些工作是需要家长配合来做的。

一份完整的班级学期工作计划应包含班级情况分析：对幼儿、家长和教师的基本情况进行整体地描述与分析；学期工作总目标与分阶段目标；具体措施与具体活动安排。在进行具体措施和具体活动安排设置时，则可从班级生活常规管理、教育管理、安全管理、环境管理、户外活动管理等维度进行具体的描述。

拓展资源 7-1
示例：小班班级管理计划

二、班级管理的组织实施

班级管理的组织与实施是指将班级中的人、物、空间、时间等要素根据预设的班级管理计划进行统筹安排，使之在具有一定的系统性和合理性的基础上操作实施，从而实现班级工作总目标。具体包含保教人员的分工、幼儿的分组、环境的规划、时间的安排和物品的安排这五方面。

（一）保教人员的分工

《幼儿园工作规程》指出幼儿园教师和保育员均具有承担班级管理的责任与义务，并对两者的职责作出了如下规定。

1. 幼儿园教师对本班工作全面负责，其主要职责参见项目六任务一相关内容。

2. 保育员对本班卫生、消毒工作等全面负责，其主要职责参见项目二任务一相关内容。

教师和保育员在班级管理工作各有侧重的前提下，应做到互助互补、相互配合、不分彼此。

（二）幼儿的分组

《幼儿园工作规程》指出，幼儿园每班幼儿人数一般为：小班（3周岁至4周岁）25人，中班（4周岁至5周岁）30人，大班（5周岁至6周岁）35人，混合班30人。寄宿制幼儿园每班幼儿人数酌减。幼儿园可以按年龄分别编班，也可以混合编班。班级幼儿人数较多时常易出现保教工作质量无法保障的情况，因此需对班级幼儿进行合理编组以保证班级保教工作的顺利开展。一般情况下，幼儿的分组需根据幼儿的数量、活动室的空间、桌椅数量等进行合理规划，以4—6人一组为宜。在分组时应考虑组内男女生比例的均衡性和能力强弱的互补性。实施小组组长轮流制，增强幼儿的主人翁意识和责任感，促进幼儿自我管理能力的形成。

（三）环境的规划

《幼儿园教育指导纲要（试行）》指出，环境是重要的教育资源，应通过环境的创设和利用，有效地促进幼儿的发展。教师应充分挖掘幼儿园现有的室内外环境资源，充分利用班级教室的墙壁、过道等物质环境来进行教育元素的渗透。合理规划班级室内环境，做到动静结合，使幼儿在与环境的互动中学习、成长和发展。例如，（如图7-1所示）可以在教室饮水处的墙面上张贴"饮水五步骤"，帮助幼儿掌握饮水常规。根据幼儿发展和主题活动需要及时调整更换班级墙饰内容，实现环境育人目标。与幼儿共同积极创设温馨、和谐、友爱、互动的班级精神环境，促进幼儿心理的健康发展。

图7-1　饮水常规墙饰

（四）时间的安排

《幼儿园教育指导纲要（试行）》指出："科学、合理地安排和组织一日生活。"在一日生活中既要有教师的直接指导和间接指导的时间，也要有幼儿的自主选择和自由活动时间；时间的安排既要相对稳定又应具有一定的灵活性，满足幼儿发展的合理需要；促进幼儿全面发展的同时，引导幼儿逐步形成自我管理能力。班级一日活动安排表（参考）如表 7-2 所示。

表 7-2　班级一日活动安排表（参考）

年段	小班段		中班段		大班段	
天气	晴天	特殊天气	晴天	特殊天气	晴天	特殊天气
晨间	7:45 来园活动	7:45 来园活动	7:45 来园活动	7:45 来园活动	7:45 来园活动	7:45 来园活动
	8:05—9:25 区域游戏	8:05—9:25 区域游戏	8:10—9:10 户外活动	8:10—9:10 室内微运动	8:10—9:10 户外活动	8:10—9:10 室内微运动
上午	9:25—9:40 集体教学活动	9:25—9:40 集体教学活动	9:10—9:30 生活活动	9:10—9:30 生活活动	9:10—9:30 生活活动	9:10—9:30 生活活动
	9:40—10:40 户外活动	9:40—10:40 室内微运动	9:30—10:00 集体教学活动/小组教学活动	9:30—10:00 集体教学活动/小组教学活动	9:30—10:00 集体教学活动/小组教学活动	9:30—10:00 集体教学活动/小组教学活动
	10:40—11:00 餐前活动	10:40—11:00 餐前活动	10:00—11:00 户外自主游戏	10:00—11:00 区域活动	10:00—11:00 户外自主游戏	10:00—11:00 区域活动
中午	11:00—12:00 午餐	11:00—12:00 午餐	11:05—12:05 午餐	11:05—12:05 午餐	11:10—12:10 午餐	11:10—12:10 午餐
下午	12:00—14:30 午睡	12:00—14:30 午睡	12:05—14:30 午睡	12:05—14:30 午睡	12:10—14:20 午睡	12:10—14:20 午睡
	14:30—15:00 生活活动	14:30—15:00 生活活动	14:30—15:00 生活活动	14:30—15:00 生活活动	14:20—14:50 生活活动	14:20—14:50 生活活动
	15:00—16:00 户外自主游戏	15:00—16:00 区域活动	15:00—16:00 区域活动/规则游戏	15:00—16:00 区域活动/规则游戏	15:00—16:00 区域活动/规则游戏	15:00—16:00 区域活动/规则游戏
	16:10—17:00 离园游戏	16:10—17:00 离园游戏	16:10—17:00 离园游戏	16:10—17:00 离园游戏	16:10—17:00 离园游戏	16:10—17:00 离园游戏

（五）物品的安排

班级物品包含幼儿的生活物品，如被褥、水杯、吸汗巾；幼儿的学习用品，如水彩笔、画本和教师的教学物品，如教具、电子投屏等。班级物品的管理应实施责任人制度，如保育员可负责班级幼儿生活物品的管理规整；主班教师负责观察记录、班级管理工作计划、月计划、周计划和家园联系本等物品的管理规整；副班教师负责多媒体、教师教具等的管理规整；幼儿则负责个人学习用品、作品和玩具等的管理规整。做到各项物品摆放安全，利于取放、定时检查。班级物品检查记录表如表 7-3 所示。

表 7-3　班级物品检查记录表

日期	负责人	物品名称	数量	变损记载	备注

三、班级管理的总结评价

《幼儿园教育指导纲要（试行）》指出，幼儿园教育工作评价实行以教师自评为主，园长以及有关管理人员、其他教师和家长等参与评价的制度。因此，教师作为评价的主体应根据班级管理的预期计划与安排，实事求是、逐步梳理核对预期目标的达成情况。评估班级安全管理、教育管理、生活常规管理、环境管理、家长工作管理和户外活动管理等目标的完成情况，了解在实施过程中是否调动了幼儿的主体积极性；是否为幼儿提供了有益的、能促进其发展的学习经验；是否兼顾了群体需要和个体差异，使每个幼儿都能主动、有效地学习，得到全面的发展。班级管理总结表如表 7-4 所示。

表 7-4　班级管理总结表

项目	预期目标完成情况	存在的不足	下一步计划
安全管理			
教育管理			
生活常规管理			
环境管理			
家长工作管理			
户外活动管理			

任务二　班级幼儿生活常规培养

《幼儿园工作规程》指出幼儿园日常生活组织，应当从实际出发，建立必要、合理的常规，坚持一贯性和灵活性相结合，培养幼儿的良好习惯和初步的生活自理能力。由此可见，帮助幼儿形成良好的常规是幼儿园保教管理工作的基础。

一、班级常规管理的实施要点

幼儿园班级常规涵盖了幼儿从来园到离园的整个过程，涉及幼儿园一日生活的各个环节。主要包括生活活动常规、运动常规、学习活动常规、游戏活动常规等。

（一）生活活动常规

首先，要根据幼儿生理和心理发展的需要，建立科学的一日生活常规，既有利于形成集体生活秩序，又能满足幼儿个体的合理需要，但不要求整齐划一；其次，要建立必要的生活活动规则，并让幼儿了解原因，提醒幼儿遵守；再次，可以鼓励和引导幼儿参与生活规则的建立，满足幼儿独立自主的需要，避免过度保护和包办代替；最后，教师组织和指导幼儿的生活活动，要进行充分的准备，减少不必要的等待时间。此外，还要有处理突发事件的应对措施：如在盥洗环节，幼儿在盥洗室滑倒怎么办；在午睡环节，幼儿把私自带来幼儿园的小玩具塞进鼻子、耳朵等应如何处理等。尝试在学期结束时评一评班级幼儿的生活常规发展水平。幼儿生活常规能力培养观察表如表 7-5 所示。表格中的数字 1、2、3、4、5 表示 5 个不同能力层级，1、3、5 分别对应表 7-5 小班、中班、大班幼儿的生活常规能力水平；2、4 则介于 1、3、5 之间。

表 7-5　幼儿生活常规能力培养观察表

环节	具 体 内 容	1	2	3	4	5
入园	衣着整洁、高高兴兴地上幼儿园					
	能自主入园刷卡登记					
	主动到保健医生处进行晨检					
	热情地与教师打招呼，并和教师进行简单的交流					
	能将自己的物品整齐地摆放在自己的橱柜里					
盥洗	能自主有序排队盥洗					
	能自觉地用正确的方法洗手					
	洗手时，能主动将衣袖卷起，洗手后袖口不湿					
	盥洗时，洒水较少，能基本保持地面的干爽、清洁					
	能将毛巾打开擦手，特别注意将每个手指缝擦干					
	自主开关水龙头					
如厕	有便意时能主动前往盥洗室如厕					
	会用不同的如厕工具如厕，如厕后能主动冲干净					
	大便后会用适宜的方式进行清洁					
	能有序如厕，学会依次等待					
	能自觉整理衣裤并洁净双手					

续表

环节	具 体 内 容	1	2	3	4	5
进餐	餐前能自主将就餐椅子摆放好，安静入座					
	熟练使用筷子					
	用餐时坐姿正确，不讲话，细嚼慢咽，专心吃饭不挑食不剩饭菜					
	进餐时，保持桌面的整洁、衣服的整洁					
	会根据自己的饭量添饭					
	能用正确的方式剥剔食物					
	餐后主动将餐盘分类送回并能用正确的方法漱口、擦嘴					
	养成文明进餐的习惯					
饮水	能根据自身需要饮水，养成自主饮水的习惯					
	遵守饮水时的规则					
午睡	能自己独立入睡					
	有正确的睡觉姿势					
	会自己叠被子、整理床铺					
户外活动	能主动找同伴一起运动					
	尝试将各种运动器械进行组合，探索和创新玩法					
	运动时具有自我保护的意识					
	对运动中环境的变化能做出反应，有简单的自我保护方法					
离园	能主动整理自己的物品					
	能主动和老师道别					

（二）运动常规

首先，要以本班幼儿的运动兴趣、态度、动作能力、运动卫生常识、运动心理品质为目标，设计和组织活动。其次，掌握运动时间、强度和密度，循序渐进，确保幼儿安全。一般来说，每天户外活动时间不少于 2 小时，其中体育活动不少于 1 小时，且分段进行。再次，重视采取让幼儿通过自主、探究、合作等学习方式练习、体验，发展运动能力。最后，根据本园的场地、器械等条件，充分利用日光、空气、水、地理环境等自然因素进行锻炼，保证自制足够的运动活动材料，开展丰富多样的体育活动。

（三）学习活动常规

首先，根据教育目的、幼儿的实际水平和兴趣，以循序渐进为原则，均衡安排各领域的学习内容。其次，学习活动次数和时间适量，每次活动时间小班 15—20 分钟；中班 20—25 分钟；大班 25—30 分钟为宜。再次，充分利用周围环境的有利条件，提供充足的动手操作材料，保证幼儿有充分活动的机会；遵循幼儿的学习特点，注重活动过程，重视实践，采用合作、交流、探究等活动方式引导幼儿多感官地参与活动；灵活运用集体、小组、个别化等活动组织形式，为幼儿提供交流和表现的机会与条件。最后，关注幼儿学习兴趣、方法及良好学习习惯的养成。

（四）游戏活动常规

首先，根据幼儿的年龄特点、实际经验和兴趣，选择幼儿游戏的内容，保证游戏的时间和空间。其次，因地制宜，就地取材，创设良好的游戏环境，提供安全、卫生、可变、具有多种教育价值的游戏材料，保证幼儿自主游戏的条件。再次，平衡一周内的各类型游戏。最后，加强游戏过程中的观察，做到观察在前、指导在后，指导方式恰当。

二、安全管理的实施要点

《幼儿园教育指导纲要（试行）》指出，幼儿园必须把保护幼儿的生命和促进幼儿的健康放在工作的首位;《幼儿园教师专业标准（试行）》中也多次强调了安全问题，并对教师的相关专业知识和能力提出了要求，如合理安排和组织一日生活的各个环节，掌握意外事故和危险情况下幼儿安全防护与救助的基本方法等。因此，安全问题是幼儿园管理工作的重中之重，保证每一位幼儿在园期间的安全是幼儿教师最重要的职责。

（一）幼儿园环境的安全管理

幼儿天性好动，喜爱追逐打闹，而且有强烈的好奇心，喜欢尝试和探索。但由于幼儿缺乏危险识别的相关知识和自我保护意识，环境中任何不安全的因素都可能威胁到幼儿的生命安全。幼儿园环境安全操作要点如表 7-6 所示。

表 7-6 幼儿园环境安全操作要点

幼儿园环境	具体内容	操 作 要 点
室内环境	环境布置	应保证门把手、插座等危险设施安置在安全距离内，墙壁、门缝、桌角等最好用泡沫或软皮包裹起来
	物品管理	1. 危险物品如火柴、打火机药品、饭桶等要放置在幼儿无法接触的地方，以防幼儿误拿或误食； 2. 剪刀、美工刀等采用较安全的设计，用完后要及时收好
	行为监控	1. 要随时保持地面干燥，尤其是在幼儿饮水和盥洗时，发现积水要及时拖干，防止幼儿滑倒； 2. 定期检查室内设施是否存在安全隐患，如出现水管漏水、桌椅裂缝、门窗破损、吊灯松动等问题要及时报修
室外环境	活动场地	1. 要根据人数和活动内容选择大小合适的场地； 2. 要保证活动场地平整、无障碍物和积水，避免干燥起尘； 3. 远离停车场、戏水池等危险地带，以免幼儿因离开教师视线而造成事故
	运动器械	1. 活动前检查运动器械（滑梯、秋千、攀登架等）是否安全牢固，如发现歪倒、生锈、铁钉外露、螺丝松动、木头腐烂、绳索断裂等问题，应请专业人员进行维修或选择其他较安全的活动方式； 2. 大型器械周围要采取保护性措施，如在滑梯的地面四周铺设海绵拼图等
	特殊区域	在容易发生安全事故的地方设置警示牌或小贴士，如在厨房门口设置禁止幼儿入内的警示牌；在楼梯口贴上靠右行的标识等。如果能让幼儿自己动手制作效果会更好

为保证幼儿的安全，需要进行常态化的活动室安全检查。幼儿园班级室内环境安全工作管理检核表如表 7-7 所示。

表 7-7　班级室内环境安全工作管理检核表

分类	名称	检查内容
环境	墙面、天花板	有无油漆剥落；是否有渗水；是否有霉斑
	门	门把手是否松动；防夹手是否脱落；门板是否偏移、歪斜；门锁是否开关正常
	窗	有无松动；玻璃有无裂痕；窗帘和窗帘绳是否安全、有无可能会勒住幼儿的绳索
	地面	是否平坦；有无起泡或凹陷；有无渗水或霉斑
	动植物	是否无毒、无潜在风险
设施设备	电器	电源线有无破损；有无异常声；是否发热；不使用的插头是否已拔掉，并存放在幼儿接触不到的地方
	开关插座	有无破损；有无变形；有无变色
	柜	是否摇晃；是否破损；软包是否脱落；柜门是否偏移
	大型游戏器材	是否松动、摇晃；是否生锈、掉漆、褪色；螺钉是否完好；周围软垫是否完好
	桌椅	有无破损；有无松动；有无木刺
	洗消用品	是否放在带标签的原装容器中；是否放在幼儿无法触及的锁柜中
	保育操作台	周围有无电器或尖锐物品；是否稳定无松动
	床	有无木刺；有无摇晃、松动；有无软包脱落
	电线	有无磨损或损坏；是否绑在一起，远离水和幼儿
教玩具	玩具	有无破损；有无掉漆、褪色；配件有无缺损、遗失；是否有无法清除的污痕；数量有无遗失
	教具	有无破损；有无掉漆、褪色；数量有无遗失；小零件是否放置在幼儿无法触及的高处
禁止出现物品	易碎物品	有无陶瓷、玻璃制品
	尖锐物品	有无剪刀、刀具、别针
	潜在哽噎危险的物品	有无纽扣、硬币、未充气的气球、弹球、磁铁、泡沫块、塑料袋和泡沫塑料物品（如教学活动需使用此类物品，则确保平时放在幼儿无法触及的高处）

（二）预防意外事故的安全管理

意外伤害事故的起因有很多，除了自然灾害等不可控的因素外，幼儿园、教师、保育员、门卫、家长、幼儿等任何一方的疏忽大意都有可能引发事故。作为幼儿教师，不仅要明确哪些事情是自己无法控制的，哪些事情是自己可以做而且应该做的，还要履行自己的安全职责，在力所能及的范围内保证幼儿的安全。预防意外事故的操作要点如表 7-8 所示。

表 7-8　预防意外事故的操作要点

意外事故发生的阶段	具体措施	操作要点
事先预防	安全演练	教师首先从态度上要重视安全演练，珍惜每次安全演习的机会，并尽可能使其常态化。平时可以给幼儿观看相关的视频，班级内部多组织小型的模拟演练
	安全教育	对幼儿进行安全教育是班级管理工作的内容之一，教师要格外重视，提升幼儿自身的安全意识，培养幼儿的安全行为习惯。安全教育应该与幼儿的日常生活和游戏相结合，注重趣味性；同时要争取家长的配合，使幼儿的安全意识在家园共育中深化

续表

意外事故发生的阶段	具体措施	操 作 要 点
事先预防	建立制度	在幼儿入园时，应请家长填写紧急事故联系表，确保在事故发生后不会因为意见不一影响处理进程。紧急事故联系表应该包含以下内容：幼儿的姓名、性别、出生日期和血型；幼儿合法监护人（最好有两个）的姓名、单位和电话，还要增加除了监护人之外的两名紧急联系人的联系方式，以备不时之需；幼儿医疗保险的相关信息；特殊要求，如有无药物过敏；紧急情况出现时的运送情况，如送至哪家医院，运送时的交通费等（一般由监护人承担）
危机应对	明确责任	每位教师都应对当班期间的紧急事故负责。配班教师在紧急情况下应及时与主班教师联系，如果主班教师不在，必须与上级负责人或园长取得联系
	合理判断	判断幼儿的受伤程度，如果在幼儿园能力范围之外，就要立刻把幼儿送至家长授权的医院
	积极处理	主班教师必须陪同幼儿到医院，同时打电话给家长，简单告知情况。如果医院给幼儿做出诊断建议，教师在做决定前一定要征得家长的同意，不可擅自做主
善后处理	留档备查	对所有需要医药治疗的伤害都必须填写意外事故报告，报告必须由当班教师填写，并交到园长办公室中相应的幼儿健康文件档案中备份。此外，必要时教师应及时进行家访，进一步了解幼儿伤情，并为其提供力所能及的帮助

紧急事故协议书

作为_____（幼儿姓名）的家长/监护人，我同意教师在幼儿出现紧急情况时对其实施急救，且在必要时被送去接受特别照顾。我将负责所有保险中不含的费用。我同意幼儿园在紧急情况下联系上面填写的人，他们代表我的权益，直到我出现。我将及时审核并更新这些信息（至少每隔六个月审核一次），确保信息准确无误。

监护人签名：　　　　　　　　日期：

（三）一日生活的安全管理

此部分和上文提到的一日生活的常规管理具有不同之处，上文中提到的常规管理重在"常规"，这里则重在"安全"。生活活动环节安全管理要点如表7-9所示。

表7-9　生活活动环节安全管理要点

生活活动环节	操 作 要 点
来园安全	1.洗手：提醒幼儿先洗手后入班； 2.晨检：晨检是幼儿安全入园的第一道屏障，目的是排除安全隐患，对幼儿的疾病做到早发现、早诊断、早治疗。一般情况下会有专门的保健老师负责，也有的幼儿园由带班教师代为执行。晨检主要包括四个方面：一看、二摸、三问、四查； 3.关心身体不适幼儿的状况、服药情况等。一方面要向家长咨询患病幼儿的身体状况和服药情况，由幼儿家长亲自填写"服药登记表"并签名；另一方面要随时关注身体不适幼儿，照顾幼儿按时服药，注意把药放在幼儿碰不到的地方

续表

生活活动环节		操 作 要 点
运动安全	运动前的准备	1. 提醒幼儿整理好衣着，在运动前相互检查服装，系好衣扣和鞋带。对于个别极易出汗的幼儿最好运动前在其后背垫好干毛巾，同时检查幼儿是否携带危险物品； 2. 做好运动前的准备活动，以防突然的剧烈运动造成拉伤、扭伤；其次要注意动静交替，防止活动过量； 3. 带领幼儿上下楼梯时，教师要保证所有幼儿在教师的视线范围内，最好做到一位教师在前领队，一位教师在队尾观察
	运动中的护理	1. 运动量要适中，强度不宜过大，要让幼儿适当休息； 2. 在玩大型玩具，如滑梯、攀登架时，教师要维持好秩序，及时给予幼儿必要的帮助及安全提示。如爬攀登架时抓紧护栏，不相互推拉，走路奔跑时要注意四周、不猛跑、猛停，学会躲闪，防止与同伴碰撞； 3. 教师应当与保育人员密切配合，时刻保证幼儿在成人的视线范围内，以便及时处理突发事件
	运动后的整理	运动结束后，教师首先要清点人数，最好请幼儿帮忙一起收拾整理。教师可以在整理的过程中渗透一些安全常识，例如，搬运重物时怎样保持平衡，放置物品时有什么注意事项等，同时检查运动器械是否安放到位
盥洗安全		1. 首先考虑盥洗室能否同时容纳所有幼儿，如条件限制可以分批进行； 2. 教育幼儿洗手时要卷好袖口，不玩水，洗完之后要及时擦干； 3. 注意随时保持地面干燥，可将废旧毛巾垫在洗手的水池边，防止衣服溅湿导致幼儿着凉
饮水安全		1. 指导幼儿安全有序地取水、饮水，不推不挤，喝水时不嬉笑打闹。提醒幼儿剧烈运动后不要马上喝水，饭前饭后半小时内少饮水； 2. 水杯要在幼儿使用之前消毒，茶水桶要及时上锁，地面要随时保持干燥； 3. 每个幼儿的水杯应放在固定的地方，并请幼儿记住自己水杯的标记，不与其他幼儿共用水杯，避免水杯污染
餐点安全	进餐前	1. 进餐前，保育老师要注意将装饭菜的盆桶等放到幼儿不易触及的位置； 2. 教师要保证给幼儿充足的就餐时间
	进餐时	1. 教师应当为幼儿提供轻松愉快的进餐环境，不要批评幼儿，不能让幼儿带着消极情绪进餐； 2. 幼儿进餐时教师应安静地在旁照顾，注意观察幼儿的食欲； 3. 指导并帮助幼儿形成良好的就餐习惯，要在咽下最后一口饭后再离开就餐区等
	进餐后	全体幼儿进餐结束后，教师可组织幼儿进行 10—15 分钟的自由散步以帮助消化，注意不要奔跑或剧烈运动
午睡安全	午睡前	1. 排除午睡环境中存在的危险因素，取下女孩头上的发卡和头饰，谨防幼儿将尖锐、坚硬或细小的物品带进卧室； 2. 室内外温差要控制在 10℃以内，防止幼儿着凉。如果是夏天或冬天，教师应当提前 20 分钟打开空调
	午睡时	1. 教师要加强午睡过程中的巡视，随时关注幼儿午睡时的情绪和睡姿，及时应对幼儿的情绪变化与需求； 2. 午睡过程中教师最好不要随意离开午睡室，离开时务必请搭班教师代为看护
	午睡后	1. 起床时，提醒幼儿注意穿衣顺序，对于穿衣困难的幼儿应及时给予帮助（可请穿好的幼儿帮忙）； 2. 教育幼儿穿好衣服后不乱跑，坐在床边或椅子上等待老师，保证幼儿在教师的视线范围内

续表

生活活动环节	操作要点
离园安全	1. 教师必须严格确认接孩子的家长。如果来接幼儿的是教师不熟悉的人（包括幼儿的亲人），或幼儿表现出犹豫和不情愿的时候，教师一定要谨慎，只有在得到孩子直接监护人的确认信息后才能将幼儿交给对方； 2. 要控制好家长接孩子的时间，让自己有足够的时间和精力去接待每位家长。在与家长沟通时，要保证班级全体幼儿都在教师的视线范围内； 3. 教师须确保所有幼儿都已安全离园后再离开，离园之前需拔下电器插头，关好门窗

任务三　组织幼儿园一日活动

幼儿园一日活动是实施幼儿园保育教育的主要途径，是幼儿园每日保教活动的综合，可以划分为生活、运动、游戏、学习等活动，是幼儿和教师共同经历、家长参与的活动过程。

一日活动组织自我检核表如表 7-10 所示，可根据每日活动组织情况，在对应"有""无"栏打"√"。

表 7-10　一日活动组织自我检核表

序号	活动环节	组织要点		有	无
1	入园	创设安全、温馨的班级环境			
		热情接待幼儿			
		关心幼儿情绪状态、适时疏导			
		提醒幼儿进行自我服务			
2	区域活动	合理规划班级空间环境，投放丰富、适宜的活动材料			
		逐步引导、熟悉材料；观察幼儿、提供支持			
		整理区域材料并进行活动分享			
3	饮水	创设安全、适宜的饮水环境，确保饮用水水温、水流适宜			
		适时提醒饮水、鼓励自主饮水			
		确保饮水安全			
4	如厕	创设安全、干净整洁的如厕环境			
		洁具充足、方便拿取			
		适时提醒如厕、鼓励自主如厕			
		个人卫生清洁工作			
5	盥洗	创设安全、干净整洁的盥洗环境			
		盥洗用具充足、方便拿取			
		适时提醒、鼓励自主盥洗			
6	进餐	餐前	餐前活动：故事分享、食物及其营养价值介绍等		
		餐中	播放轻松愉快的音乐		
			提醒正确使用餐具和进食		
		餐后	提醒整理餐桌、餐具和漱口、擦嘴和洗手		

续表

序号	活动环节		组织要点	有	无
7	午睡	午睡前	安静活动：如散步、绘本故事阅读等		
			如厕提醒		
			脱衣物、摆放衣物和鞋袜提醒		
			安全检查：禁止携带危险物品如小弹珠、发夹等物品进入午睡室		
			安静入睡盖被提醒		
			拉上窗帘，播放舒缓宁静的音乐或故事		
		午睡中	检查睡姿，确保幼儿口鼻处无遮挡，被子盖住肚子		
			离开时，做好交接		
		午睡后	播放音乐、拉开窗帘、提醒起床		
			引导幼儿进行起床整理		
8	户外活动	活动前	检查活动场地和器械		
			检查幼儿着装并提醒如厕		
			介绍活动场地、内容、玩法与注意事项，开展热身活动		
		活动中	定点或来回巡视，确保幼儿安全		
			关注幼儿、积极回应		
		活动后	整理放松		
			清点人数、有序回班		
9	集体教育活动	活动前	确定活动主题，拟定活动方案，准备活动材料		
		活动中	层层递进、逐步引导、达成目标		
		活动后	延伸拓展、强化经验		
10	离园		离园活动：如成果分享、安静游戏		
			个人物品和仪表整理提醒与协助		

一、幼儿入园活动的组织与实施

一个组织有序的入园活动可以让幼儿对幼儿园产生满足感，获得安全感和归属感，使幼儿更为积极地参与幼儿园的区域活动、晨间活动，度过美好的一天。在入园环节，教师应提前准备好安全、温馨的班级环境，热情迎接每一位幼儿并观察幼儿的身体和情绪状态。对情绪状态良好的幼儿，鼓励其与班级其他教师和幼儿打招呼，并自行选择区域游戏；对情绪状态不佳的幼儿，教师则需要先行安抚幼儿的情绪，了解其产生消极情绪的原因并给予适宜的帮助。提醒幼儿进行个人物品的放置与整理，并进行洗手、放水杯、查看晨间锻炼指引牌等自我服务活动。

二、幼儿区域活动的组织与实施

区域活动开展前，教师应因地制宜合理规划班级空间环境，投放丰富、适宜的活动材料；活动中，逐步引导、熟悉材料；观察幼儿、提供支持；活动后，引导整理区域材料并进行活动分享。

三、幼儿饮水活动的组织与实施

创设安全、适宜的饮水环境，确保饮用水水温、水流适宜；在外出活动前后、午睡后提醒幼儿饮水，在其他时间鼓励幼儿感觉口渴时便及时喝水，减少集体性喝水现象的出现。提醒幼儿饮水时不推不挤，排好队；小口慢饮不着急。

四、幼儿如厕活动的组织与实施

创设安全、干净整洁的如厕环境，确保洁具充足且放在幼儿熟悉、方便拿取的位置。在幼儿外出活动前后、午睡前后提醒幼儿及时如厕，鼓励幼儿在有便意时自主如厕，如厕后及时做好个人卫生清洁工作。

五、幼儿盥洗活动的组织与实施

创设安全、干净整洁的盥洗环境，确保盥洗用具的充足且放在幼儿熟悉、方便拿取的位置。在户外活动回来、饭前饭后、如厕后提醒幼儿清洁双手，饭后及时漱口和擦嘴。使用朗朗上口的歌谣帮助幼儿识记洗手和漱口的步骤，掌握个人清洁的方法。鼓励幼儿在有需要时便进行盥洗活动，集体盥洗时提醒幼儿有序排队不推不挤。

六、幼儿进餐活动的组织与实施

进餐活动的组织与实施可分为进餐前、进餐中和进餐后。进餐前，教师需要组织幼儿做好餐前准备活动。可通过回顾总结上午的活动、分享进餐主题的故事、儿歌、介绍午餐的食物及其健康营养知识、进餐时的注意事项等来帮助幼儿安静地过渡到进餐环节。进餐时，播放轻松愉快的音乐营造进餐的舒缓氛围。提醒幼儿使用餐具的正确方式和健康的饮食方式，如进餐时细嚼慢咽、一口饭一口菜，每种食物都要尝一尝，不偏食不挑食；专注进餐不说话。进餐后，指导幼儿进行有序地自我服务活动，整理餐桌和餐具、进行漱口、擦嘴和洗手等个人卫生服务。

拓展资源 7-2
微课：好好洗手，
细菌不留

【实践育人】

作为准幼儿园教师，要学会抓住契机，引导幼儿关爱他人。下面这位李老师的做法或许值得学习。

一天吃午餐时，李老师给幼儿分盛饭菜，分到伟伟时他趴在桌上说不想吃饭，原来是伟伟生病了。李老师便带伟伟去保健室。但等李老师回到班上，却看见了几个幼儿正抢着分伟伟菜碗里的菜。李老师不禁呆住了，平时对幼儿也进行过友爱教育，但在一个幼儿生病时居然没有人问伟伟的病情，只关心他碗里的饭菜。于是李老师就利用午间散步时间和幼儿进行了谈话。让幼儿先猜伟伟在哪？然后告诉他们伟伟现在保健老师那服药休息。幼儿都知道生病是一件很痛苦的事，李老师就告诉幼儿，等会儿伟伟醒来会非常想念大家的，他等会还会感觉肚子饿呢。李老师继续问幼儿："等伟伟回教室你们会怎么做呢？"孩子们七嘴八舌地说开了，有的要给他讲中午听的故事，有的要和他玩积木。中午那几个分他饭菜的幼儿来到李老师身边，不好意思地说："老师，我们把他的饭菜吃了，我们把下午的点心给他吃。"李老师告诉孩子们："食堂里的阿姨会再给他做饭，但中午你们的做法是有点儿不太好，不过老师知道你们是会关心生病的小朋友的，是不是？"抓住"分饭菜"这件事，李老师适时教育幼儿要学会关心生病的朋友。

拓展资源 7-3
小班幼儿自主进餐

七、幼儿睡眠活动的组织与实施

幼儿园的午睡活动可分为午睡前、午睡中和午睡后三个组织实施环节。午睡前，教师可组织幼儿进行散步、绘本故事阅读等安静的活动来使幼儿的情绪趋于平静；提醒幼儿进行睡前如厕，脱掉外衣、鞋袜摆放整齐，安静进入午睡室并盖好被子；教师检查幼儿随身携带的物品以避免安全事故的发生，提醒幼儿将坚硬的、过小的物品放置于个人储物柜中不带上床；播放舒缓宁静的音乐、拉上窗帘帮助幼儿更好地入睡。午睡中，检查幼儿的午睡姿势和习惯，确保幼儿口鼻处无遮挡；未出现踢被子、影响其他幼儿现象的出现。若需在幼儿午睡时离开，则需和下一位老师做好交接。午睡后，播放轻快的音乐提醒幼儿起床，待大部分幼儿都起床后再拉开窗帘，引导并协助幼儿按照先穿衣物后整理床铺的顺序做好起床整理。

八、幼儿户外活动的组织与实施

在组织实施户外活动前，教师需先行检查当天活动的户外场地和器械的安全性；向幼儿介绍当日的活动场地、器械、活动要求和安全注意事项；带领幼儿做好必要的热身活动，并提醒幼儿进行活动前的如厕和着装的检查，确保无尖锐物品带入活动场地。活动中，教师应做好区域分工，确保每一位幼儿都在教师的视线范围内，必要时可移动位置进行巡视；关注每一位幼儿的活动情况并予以积极的回应，提醒幼儿适时饮水和休息。活动后，指导幼儿整理器材并进行放松活动；清点人数，有序回班。

九、幼儿离园活动的组织与实施

在离园活动环节，教师可通过与幼儿一起回顾当天的生活学习经验、请幼儿分享一日中的作品或收获，以及安排一些安静的活动如绘本阅读和棋类游戏等，来等待家长的到来；提醒幼儿进行个人物品和仪表的整理，如整理衣服裤子、书包等。

十、幼儿集体教育活动的组织与实施

在组织实施集体教育活动前，教师需充分观察了解幼儿当前的知识经验、兴趣需要，提前确定集体教育活动的目标、内容、准备材料，拟定活动方案；活动中，教师应做到尊重幼儿、逐步引导、层层深入、鼓励探索、高质量提问、有效回应，完成预设目标；活动后，联合幼儿家庭，抓住时机创设物质环境，延伸与强化活动经验。

任务四 学习有效的师幼互动

《幼儿园教育指导纲要（试行）》指出，教师应成为幼儿学习活动的支持者、合作者、引导者；教师要关注幼儿在活动中的表现和反应，敏感地察觉他们的需要，及时以适当的方式应答，形成合作探究式的师生互动。

一、师幼互动的要点与举措

一个高质量的师幼互动应做到静心、链接与互动。当教师与幼儿共处或准备与幼儿互动时应做到心无旁骛，将关注的重心聚焦于幼儿；通过观察幼儿的所行、所言、所思确定与幼儿建立链接的方式和切入点；采用语言和非语言的方式与幼儿进行互动，促进幼儿的深度学习与发展。在一日活动的不同环节，应根据环节活动不同的侧重点进行有针对性的师幼互动。一日活动中师幼互动的要点与举措、语言表述策略、有效提问策略和回应策略如表7-11—表7-14所示。

表7-11 一日活动中师幼互动的要点与举措

一日活动环节	师幼互动要点	师幼互动具体举措
入园	温馨接待 亲切问好	1. 静心等待 2. 暖心问早 3. 引导游戏 4. 维持秩序
饮水	有序喝水 不推不挤	1. 饮水提醒 2. 正确引导 3. 及时疏导
进餐	安全进食 均衡膳食	1. 就餐提醒 2. 文明进食 3. 就餐卫生
盥洗	有序排队 不推不挤	1. 盥洗提醒 2. 安全盥洗 3. 保持洁净
午睡	安静入睡 有序起床	1. 衣物整理 2. 独立入睡
区域活动	安全第一 尊重幼儿	1. 规则提醒 2. 按区引导 3. 沉浸式游戏
集体教学活动	高效提问 有效回应	1. 围绕目标，设计问题 2. 基于问题，分类回应
离园	有序离园	1. 回顾活动 2. 检查仪表 3. 有序排队 4. 安静等待

表 7-12　师幼互动的语言表述策略

序号	策略	例子
1	镜像对话，客观陈述	宝贝，你今天穿了运动鞋，所以在刚才的晨间活动中你跑得比昨天快了很多
2	语言简明，表意清晰，正向提示	宝贝，你的椅子上有饭粒 宝贝，我们来搬积木吧！

表 7-13　师幼互动的有效提问策略

序号	策略	例子
1	假设式提问	如果明天要下雨，那我们摆放在户外的稻谷该怎么办呢？
2	推理式提问	你们觉得除了乒乓球可以在水里浮起来以外，还有什么物体是可以在水里浮起来的？
3	递进式提问	在刚才这个故事中，榴莲大王都邀请了哪些小动物去他家做客啊？ 他们是怎么去的榴莲大王家？ 榴莲大王给他们准备了什么惊喜？
4	总结式提问	那你们觉得这些蔬菜都有什么特征？
5	开放式提问	为什么这两片树叶长得这么不一样？

表 7-14　师幼互动的回应策略

序号	策略	例子
1	提供正确答案	哦，你昨天是看了小猪佩奇的动画片啊
2	追问	你周末去动物园了。动物园里都有哪些小动物呢？
3	转问	你画了一只大恐龙？那格格，你画了什么动物呢？
4	澄清	"五颜六色"的皮球指皮球有很多种颜色，比如这个皮球有红色、蓝色、绿色、黄色、紫色

二、师幼互动实践任务

如表 7-15 所示，在一日活动中，你都使用了以下哪些师幼互动的有效策略呢？

表 7-15　师幼互动有效策略使用自检表

序号	师幼互动策略		请在使用策略处打"√"，并注明是在哪一环节使用的该策略
1	语言表述策略	镜像对话，客观陈述	
		语言简明，表意清晰，正向提示	

续表

序号	师幼互动策略		请在使用策略处打"√",并注明是在哪一环节使用的该策略
2	提问策略	假设式提问	
		推理式提问	
		递进式提问	
		总结式提问	
		开放式提问	
3	回应策略	提供正确答案	
		追问	
		转问	
		澄清	

拓展资源7-4 师幼互动的提问与回应

拓展资源7-5 案例:谁的沟通更有效

任务五 学习开展家长工作

《幼儿园教育指导纲要(试行)》指出,家庭是幼儿园重要的合作伙伴。应本着尊重、平等、合作的原则,争取家长的理解、支持和主动参与,并积极支持、帮助家长提高教育能力。《幼儿园工作规程》则更为明确地就家园合作的形式与内容作出了要求,指出幼儿园应当建立家园联系的制度;定期召开家长会议,并接待家长的来访和咨询;建立家长开放日制度并成立家长委员会;主动与幼儿家庭沟通合作,为家长提供科学育儿宣传指导,帮助家长创设良好的家庭教育环境;采取多种形式,指导家长正确了解幼儿园保育和教育的内容、方法。由此可见,幼儿园的家长工作既要以全园为单位来统筹组织开展,也需以班级为单位来进行个别交流沟通。根据面向家长群体数量的不同,幼儿园的家长工作可分为个别交流沟通和群体交流沟通。

一、以班级为单位的个别交流沟通

(一)个别交谈

个别交谈是指教师利用入园、离园的时间或通过电话、钉钉等线上联系的方式向家长了解幼儿在家中的生活、学习、健康情况,并向家长简短反馈幼儿在园的表现,及时发现问题、商讨解决方法,并做好记录。一般情况下,若幼儿在幼儿园中发生碰撞、幼儿间发生较大冲突等紧急情况,则需马上通过电话与家长交流说明情况;其他情况下可视幼儿在园表现与家长进行定期适时的沟通。在与家长沟通时,可进行必要的交流记录(如表7-16所示)。

表 7-16　幼儿日常反馈交流表

幼儿姓名		教师	
幼儿家长		时间	

内容记录：
（如幼儿在园的饮食、睡眠、生活自理、同伴相处等情况的描述）

总结：
（根据与家长交流沟通的内容，在此处总结下一步计划或措施）

（二）家庭访问

家庭访问（或称家访），指教师前往幼儿家庭中了解幼儿在家中的真实表现，家长对幼儿教育的认识、态度和方法，家庭及其周围环境对幼儿发展的影响，并介绍幼儿在园的表现，与家长共同商讨幼儿成长过程中遇到的困难与解决策略，争取家园的密切合作。为确保每次家访都能达到实效，在家访前，教师应做好相应的访谈准备，如访谈的对象、访谈的时间、访谈的具体事项；家访结束后需对家访的整体情况进行总结、分析，根据幼儿的性格特点、发展水平、身体状况，制订个性化的教育方案。

拓展资源 7-6
新生家访前的准备

如何根据家长的基本情况和教育态度，制订专门的家长工作方案？

1. 根据家长的职业情况，为家委会成员拟定初步人选，比如全职太太、刚退休的领导、有特殊技能的家长等。

2. 幼儿主要由爷爷奶奶或姥爷姥姥看管的，今后家园沟通时多从生活细节角度出发，以具体事例带出教育观念；幼儿主要由高学历父母看管的，今后交流时应先认可对方的观点，再让对方明白自己更专业、更有经验，从而实现平等交流。

3. 有的家长特别注重幼儿园的保育功能。针对这一类家长，在开学初期需格外注意其孩子的安全问题，一旦在幼儿园发生磕碰等意外，应更加谨慎地进行处理，及时将事件原委告知家长。

新生家访中的注意事项：

1. 与家长交流时，应保持亲切的微笑，多用关心、委婉的语气；由生活琐事说起，从细节处获取信息。

2. 与家长交流时，应重点介绍幼儿园的教育理念和详细情况，让家长进一步了解幼儿园以及幼儿园的一日活动与常规。告诉家长新生入园普遍会产生分离焦虑，老师会在这方面重点给予关心和帮助，也请家长摆正心态，配合老师的工作，利用暑假时间提前做好相应的准备。例如：

（1）培养生活自理能力，鼓励幼儿自己刷牙、洗脸、穿衣、如厕。

（2）培养规律的作息习惯，作息时间尽量与幼儿园一致。

（3）培养健康的饮食习惯，不挑食，让幼儿至少学会用勺子吃饭。

（4）多带幼儿与同龄的小朋友一起玩，让其学会与人相处，对集体生活产生期待。

家访时要进行记录，幼儿园家庭访问记录表如表7-17所示。

表7-17 幼儿园家庭访问记录表

家访时间		幼儿姓名		所在班级	
家访教师		家访对象		访问地址	
幼儿基本情况					
家访目的					
家访交流记录					

【实践育人】

重阳节时，幼儿园通知各班进行"手拉手献爱心，慰问敬老院的老人"活动，覃老师也在班上进行简单的倡议。第二天，有一小部分幼儿带来了水果糕点，东西各异。覃老师及时地表扬了他们，这时有个幼儿站了起来说："我爸爸说了，我们不带。"覃老师很惊讶，面对这样的家庭教育，作为老师，该怎么办呢？稍思量了一下，覃老师随即从口袋中掏出十元钱，当着幼儿的面捐了出来，并简单地说明为什么捐钱，接着还讲了老爷爷、老奶奶的故事，加强了情感教育，以爱的情感和榜样来激励幼儿去关爱他人。覃老师在当天和该幼儿家长进行电话家访，让家长了解友爱教育的必要性和父母榜样的重要性。第二天这个幼儿带来了一些食品。

作为幼儿园教师，要学会把爱给予每位幼儿，还要学会运用恰当的方法教育幼儿关爱他人，奉献出自己的一片爱心，幼儿一定会学会关爱父母、长辈、同伴，学会关爱每一个应该关爱的人。

（三）家园联系手册

家园联系手册是教师与家长围绕幼儿的日常表现、发展与教育进行书面联系与交流的一种形式。它既可以电子手册的形式呈现，也可以纸质手册的形式呈现。教师在撰写家园联系手册时所写内容应具体且有所指向。既能让家长清晰地了解该周幼儿园所开展的活动，又能让家长快速地获得幼儿在园发展的新情况或新成长，及时向家长传递幼儿在园的最新发展情况，为更好地实现家园共育奠定基础。家园联系手册的具体内容呈现可参照如图 7-2 所示。

（四）家园联系栏

家园联系栏指幼儿园每个班级门口墙上开辟出的一个区域。该区域主要向家长展示班级一周的活动安排、班级公告，以及根据班级每月活动重点，针对家庭教育中存在的普遍性问题、近期重要的保教要点，比如，如何预防疾病、如何培养幼儿的专注力等，进行相关知识的宣传。家园联系栏的内容需根据班级活动内容的变化而及时进行更替，以方便家长及时了解班级活动和注意事项。家园联系栏设置可如图 7-3 所示。

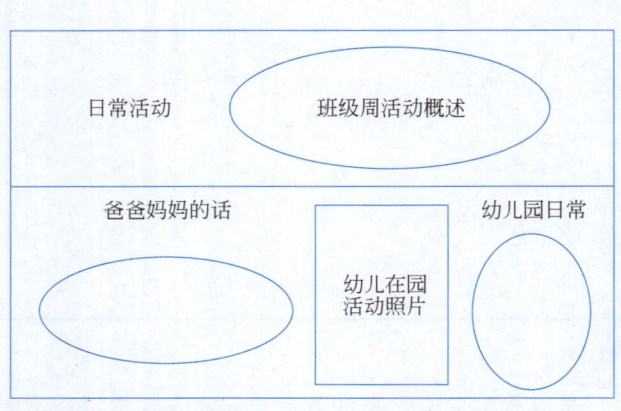

图 7-2　家园联系手册交流页面设置图

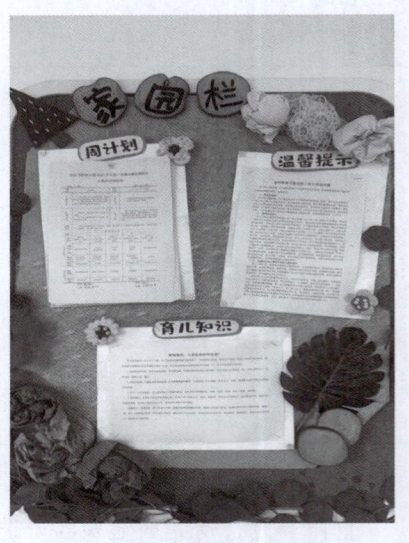

图 7-3　家园联系栏参考图

二、以全园为单位的交流沟通

（一）家庭教育讲座

家庭教育讲座指幼儿园有计划、有步骤地为家长举办各种科学育儿的讲座和报告，以便系统地向家长介绍科学育儿知识，解答家长育儿的疑惑，提高家长的育儿能力。家庭教育讲座的主题可根据不同年龄段幼儿的共性特点来决定，如对于小班刚入园的幼儿家长而言，可选择入园分离焦虑的缓解方式、小班幼儿生活自理能力的培养等主题进行分享；对于中班幼儿的家长，可就幼儿分享行为的形成、亲子亲密关系的维护等主题进行分享；而对于大班幼儿的家长，则可就如何科学幼小衔接等主题进行分享。家庭教育讲座的通知如图 7-4 所示。

```
            "如何树立家长的权威"
                  专题讲座
              在亲子关系中，
            我们追求平等与尊重；
          这与家长权威是否冲突？
            家长该如何树立权威？
        与孩子打成一片，家长的权威是否依存？
如果你对家长权威的树立和亲子亲密关系的维护感兴趣的话，就来扫码参加吧！
          活动时间：某年某月某日 19:00—20:00
          活动地点：幼儿园多功能厅
          讲座专家：赵老师
          温馨提示：请提前 5—10 分钟安静入会，保持手机静音。
```

扫码报名
（名额有限，先到先得）

幼儿园
某年某月某日

图 7-4　家庭教育讲座通知

（二）家长会

班级家长会通常由班级保教人员统筹组织，以期向家长系统介绍本班本学期的保教工作计划与重点、班级幼儿的当前发展情况与该年龄段幼儿所需达到的发展水平、班级预期实施的保教内容以及家长的观点与建议。在开展家长会之前，班级保教人员应提前做好家长会计划并做好人员分工。家长会计划可参考表 7-18 所示。

表 7-18　幼儿园大一班家长会计划

幼儿园大一班家长会计划

主持人：吴老师
会议时间：某年某月某日 19:00—20:00
会议地点：大一班教室

续表

| 会议目的：|
| 1. 向家长介绍班级本学期已开展的活动和幼儿的表现，帮助家长了解幼儿当前的各项能力发展水平；|
| 2. 根据前期调查结果，针对家长普遍关注的问题进行讨论，解答家长的疑惑，形成更好的家园合力 |
| 会议准备：|
| 1. 班级教师讨论家长会计划和详细的会议安排；|
| 2. 发布家长会问卷调查和通知；|
| 3. 根据预期计划做好相关资料、课件等的准备 |
| 会议过程：|
| 1. 主持人致辞；|
| 2. 主班介绍班级本学期已开展的活动和幼儿的表现；|
| 3. 副班根据家长提出的育儿问题组织开展讨论，家长自由发言，副班做好记录 |

幼儿园大一班家长会通知

　　为进一步加强家园联系，促进幼儿身心健康成长，充分发挥家园教育合力，提高家园共育的针对性、实效性，让家长了解当前幼儿园的生活情况，特组织召开本次家长会。

　　时间：某年某月某日 19:00—20:00

　　地点：班级教室

　　主题：幼儿一日活动与科学幼小衔接

　　温馨提示：请各位家长提前安排好时间并提前5分钟到各班教室。期待见到各位大朋友的身影。

大一班全体老师
某年某月某日

拓展资源 7-7
案例：农村幼儿园祖辈家长
参与家园共育活动

拓展资源 7-8
亲子游戏运球接力

拓展资源 7-9
亲子游戏抓尾巴

（三）家长开放日

　　家长开放日指幼儿园在每学期的某一天邀请家长来园观摩和参观幼儿园的活动。家长开放日使家长能更为直观地了解幼儿园保教工作的内容、方法，了解自己的孩子在园的一日活动和表现、与同伴的相处情况，发现其优势与不足，从而明确家庭可以协助完善与进一步提高的方面。

> **小贴士**
>
> 幼儿园家长开放日观察记录单
>
> 时间：_____　家长姓名：_____　关系：_____　幼儿姓名：_____
>
> 尊敬的家长：
>
> 　　您好！
>
> 　　欢迎您参加幼儿园的家长开放日活动。您的参与将有助于我们更好地了解您的孩子，同时也可以帮助您更好地了解您的孩子，助力孩子的健康成长。
>
> 　　在观摩的过程中，您可将您所看到的、想到的、想说的都记录下来。感谢您的配合！
>
> 　　我所看到的：_____
>
> _____
>
> _____
>
> _____
>
> 　　我所想到的：_____
>
> _____
>
> _____
>
> _____
>
> 　　我想对孩子说的：_____
>
> _____
>
> _____
>
> _____
>
> 　　我想对老师说的：_____
>
> _____
>
> _____
>
> _____

（四）家长助教

家长助教指幼儿园的保教人员根据班级活动主题，邀请相关行业的家长入班担当"教师"的角色，向班级幼儿讲解、阐释某一知识或技能，以期在充分利用家长优势的同时，让家长了解幼儿园的日常工作，为形成紧密的家园合作关系奠定基础。在邀请家长前来做助教前，教师需要提前向家长表明此次助教活动的目的、需要家长协助的内容、具体的时间和注意事项，确保助教活动的顺利开展。

（五）网络互动——微信群、QQ 群、公众号

当前通信技术的发展日新月异，这就为班级中家长工作的开展提供了网上互动的可能。微信、QQ 等社交软件日益成为人们沟通交流的重要媒介。教师利用这些网络平台组建班级微信群、QQ 群等，可以轻松地与家长进行在线聊天、视频通话、共享文件等多种互动。家园网络互动的流程如表 7-19 所示。

表 7-19　家园网络互动的流程

创建班级群	创建好班级微信群或 QQ 群，并把群号告知家长
设置群主及管理员	一般来说，群主由教师担任。管理员可从家长委员会中进行挑选，或者由热心家长自愿报名担任
建立班级群的管理制度	管理制度包括：在群里讨论的内容要与班级建设、幼儿发展、家庭教育等有关，不可随意聊天或发布小广告；涉及的信息要严格保密，不能随意传播；涉及隐私的内容应个别沟通等

三、家长工作实践任务

请你仔细了解所在实习班级的家长工作，或者与幼儿园指导教师沟通交流，也可以查阅幼儿园相关资料，撰写一份比较典型、有效的家园共育案例，并反思学习案例中的优秀经验（如表 7-20 所示）。同时结合你所在班级幼儿的实际情况，设计一份家园共育案例，并加以实施，反思实施的效果，后续加以改进（如表 7-21 所示）。

表 7-20　家园共育案例记录表

案例：	反思：

表 7-21　家园共育方案

方案：	反思：
实施情况：	

任务六　参与幼儿园教研活动

《幼儿园工作规程》指出，幼儿教师应参加业务学习和保育教育研究活动。由此可见，幼儿园的教研活动更多的指围绕幼儿园保育和教育活动中出现的问题而展开的系列研究活动。具体可分为幼儿园一日生活各个环节的教育研究和教育理论实践研究。前者意在针对教育实践中出现的问题或困难确定研究的主题，通过研究改进工作，提高幼儿园的保教质量；后者指以一定的幼儿教育理论为指导，对幼儿教育中的某些理论和实践问题进行研究。例如以师幼互动理论为指导，探究师幼互动理论在幼儿园中的应用与实践，以及对幼儿园保教质量提高的实际效用。常见的教研活动可分为观摩研讨活动和专题研讨活动。

一、观摩研讨活动

观摩研讨活动指围绕教育活动中的某一具体问题而展开的研究活动，一般由展示、观摩、研讨等系列活动组成。如表 7-22 所示，要求观摩时客观如实记录，研讨时以是否达成观摩目的为准则来判断观摩研讨活动的有效性。一次有效的观摩研讨活动应至少在以下三个方面达成共识：解决该问题的方法有哪些？解决该问题的其他方法有哪些？需要进一步讨论的问题与关注要点是什么？

拓展资源 7-10
中班幼儿游戏材料
的投放研讨活动

表 7-22　幼儿园观摩活动记录表

观摩日期		观摩班级	
观摩老师		观摩内容	
观摩目的			
观摩过程及记录			
总　结			
观摩启发与反思			

二、专题研讨活动

专题研讨活动指根据本园工作的实际需要，就日常保教工作中迫切需要解决的共性问题进行专题研讨的一种教研活动形式。一般包含选题、设计研究、研讨交流三个环节。一个切实有效的专题研讨活动应提前告知研讨主题并指定 2—3 位教师作主要发言人，以激发其余参与教师的研讨激情。幼儿园专题研讨活动记录表如表 7-23 所示。

表 7-23　幼儿园专题研讨活动记录表

时　间		地　点		研讨方式	
主持人		参与人			
研讨主题					
研讨过程记录					
我的思考与下一步计划					

【能力拓展】

拓展资源 7-11
幼儿园师幼互动质量提升
的实践与探索

拓展资源 7-12
家园共建中幼儿教师与
家长沟通问题研究

拓展资源 7-13
幼儿园园本教研的实践
偏差反思及特色模式探索

【随手记录】

参 考 文 献

[1] 张永英. 学前教育见习与实习指南 [M]. 北京：高等教育出版社，2021.
[2] 卢伟，李敏. 反思性实践：学前教育见习实习指南 [M]. 北京：北京师范大学出版社，2015.
[3] 麦少美，孙树珍. 学前儿童健康教育活动指导 [M]. 上海：复旦大学出版社，2005.
[4] 李志宇，等. 3-6 岁儿童发展观察评估指导 [M]. 北京：北京大学出版社，2023.
[5] 冯晓霞. 幼儿园课程 [M]. 北京：北京大学出版社，2001.
[6] 李季湄，冯晓霞.《3-6 岁儿童学习与发展指南》解读 [M]. 北京：中国人民大学出版社，2013.
[7] 王烨芳. 学前儿童行为观察与分析 [M]. 南京：江苏教育出版社，2012.
[8] 李晓巍. 幼儿行为观察与案例 [M]. 上海：华东师范大学出版社，2016.
[9] 董旭花，韩冰川，刘霞，等. 幼儿园自主游戏观察与记录——从游戏故事中发现幼儿 [M]. 北京：中国轻工业出版社，2015.
[10] 戴小红. 幼儿园教师观察能力现状及其提升策略 [J]. 学前教育研究，2018(06).
[11] 刘焱. 幼儿园游戏与指导 [M]. 北京：高等教育出版社，2012.
[12] 董旭花，等. 幼儿园户外环境创设与活动指导 [M]. 北京：中国轻工业出版社，2018.
[13] Janice J，Beaty. 幼儿园自主性区域活动 [M]. 邱学青，杨恩慧，译. 北京：中国轻工业出版社，2021.
[14] 李德菊. 学前儿童游戏 [M]. 北京：首都师范大学出版社，2020.
[15] 李慧英. 幼儿园班级管理 [M]. 北京：高等教育出版社，2020.
[16] 张富洪. 幼儿园班级管理 [M]. 上海：复旦大学出版社，2019.
[17] 祁海芹. 幼儿园管理实务 [M]. 大连：大连理工大学出版社，2021.
[18] 王兰枝，赵婷婷. 幼儿园组织与管理 [M]. 北京：首都师范大学出版社，2021.
[19] 深圳市深投幼教运营有限公司. 幼儿园一日生活组织与实施 [M]. 北京：北京师范大学出版社，2016.
[20] 刘晓红. 师幼互动方法与实践 [M]. 武汉：武汉大学出版社，2022.
[21] D. Amy，J.Judy，S.Charlotte. 有力的师幼互动——促进幼儿学习的策略 [M]. 王连江，译. 北京：中国轻工业出版社，2019.
[22] 王春燕. 幼儿园课程概论 [M]. 北京：高等教育出版社，2021.